Mark Scheppert

113 MINUTEN BRASILIEN

Bibliografische Information der Deutschen Nationalbibliothek:
Die Deutsche Nationalbibliothek verzeichnet diese Publikation in
der Deutschen Nationalbibliografie; detaillierte bibliografische
Daten sind im Internet über dnb.dnb.de abrufbar.

Umschlaggestaltung: K. v. Günner
Satz: D. Werk
Herstellung und Verlag: BoD - Books on Demand, Norderstedt

ISBN: 978-3-7543-3884-1

„Mein Gott ja, die deutsche Mannschaft hat den WM-Titel geholt. Das ist aber auch schon alles.
Wenn ich nochmal irgendwo lese, wie deutsch alles ist und wie toll oder doof das ist,
lasse ich auf den Schreiber einen deutschen Schäferhund los!"

— Agnieszka Debska, Juli 2014 —

Inhalt

Vorwort

Das Buch beginnt, wie es endet: mit einem Schrei. Dazwischen liegen 20 Jahre Suche nach einer eigenen Identität. Am 8. Juli 1990 steht Mark Scheppert, aufgewachsen in der DDR, auf der Berliner Oberbaumbrücke, die noch wenige Monate zuvor die Stadt in zwei Teile trennte. In den Wohnzimmern flimmern die TV-Geräte, doch die Straßen sind leergefegt. Dann ein Schrei. Deutschland wird gerade Weltmeister. Scheppert nimmt es gleichgültig hin: „Ich bin kein Deutscher. Ich möchte Punkte auf einer riesigen Weltkarte sammeln."

Tatsächlich tut er von 1992 bis 2010 genau das, was ihm früher verwehrt war: Er reist, lernt die Welt kennen und schließlich sich selbst.

„90 Minuten Südamerika" ist eine Sammlung von Reisereportagen, aber auch eine Art non-fiktiver Coming-of-Age-Roman, in dem der Fußball sukzessive stärker in den Fokus rückt. Noch Anfang der Neunziger sind ihm die Turniere nicht mehr als kleine Fußnoten wert, sie streifen wie zufällig seine Storys.

Als etwa das EM-Finale '92 stattfindet, beobachtet Scheppert einen Schwertfisch im Golf von Mexiko. Doch je mehr es ihn in die Ferne treibt, desto stärker nähert er sich seiner neuen Heimat. Und am Ende, 2010, erklingt wieder ein Schrei, dieses Mal fühlt er sich gut an...

„Manchmal muss man weit reisen, um am Ende bei sich selbst anzukommen."

Dabei sind Schepperts Berichte keine abgehangenen Weisheiten, sondern großartig geschriebene Momentaufnahmen einer riesigen Weltkarte.

Andreas Bock; 11freunde-Magazin, Heft 116

Mit den Ereignissen rund um die Fußball-WM 2010 endete damals mein Buch „90 Minuten Südamerika". Doch das Erwachsenwerden war damit noch nicht beendet. Es fehlte der ultimative Kick. Die Erlösung. Der WM-Titel. 2006 hatte mir Sylvie die Pistole auf die Brust gesetzt: Weltreise! Jetzt! Sofort! Ohne Rücksicht auf eine Fußball-WM im eigenen Land.

Die einjährige Tour wird wohl die schönste Reise meines Lebens bleiben und seither bemitleide ich Menschen, die immer mit aller Härte auf ihre Träume eintreten, die stets Zweifel plagen und eine Ausrede finden, sämtliche Vorhaben ins Rentenalter zu verschieben. Kennt ihr jemanden, der auf dem Sterbebett bereute, nicht noch mehr Zeit in seinen eigenen vier Wänden verbracht zu haben?

2014 kann ich mich endlich revanchieren und Sylvie eine Panzerfaust an die Schläfe drücken. Brasilien! Jetzt! Sofort!

Die Auslosung der Gruppen zur Fußball-WM hatte ergeben, dass Deutschland seine Vorrundenspiele im Nordosten des Landes austragen wird. Sylvie und ich haben noch drei Wochen Resturlaub, den wir bis Ende März nehmen müssen. Was macht man also in so einer beschissenen Situation?

Richtig, wir fliegen Anfang März 2014 nach Salvador da Bahia, um ein bisschen frische Luft zu schnappen und die Gegend, rund um die Partien im Sommer, schon einmal zu erkunden.

Geheimnisvolle Wahrsagungen und eine innere Stimme sagen mir, dass Deutschland 2014 Fußball-Weltmeister wird. Brasilien, ich komme!

Mark Scheppert

TEIL 1 – Die Vorbereitung

Schwarz und bunt

Einer meiner besten Freunde in Berlin ist Pascal. Er ist ein Mischling, ein Schwarzer, Dunkelhäutiger, Mulatte oder eben Deutsch-Afrikaner. Er begreift diese Begriffe nicht als Schimpfwörter, da auch er seine Mitmenschen oftmals über Äußerlichkeiten beschreibt.

Vor vielen Jahren erzählte er mir folgende Geschichte: Bis zum Alter von acht Jahren realisierte er gar nicht, dass er anders aussah als die Kinder seiner Klasse. Er sprach dieselbe Sprache (mit urigem Berliner Dialekt), hatte dieselben Hobbys und spielte den Erwachsenen die gleichen Streiche im Kiez. Er duldete keine Einschränkung seiner Freiheit.

Vielleicht war es auch eine Frage der fehlenden Eitelkeit in jungen Jahren, in denen man Spiegeln eine untergeordnete Rolle beimaß, einer Epoche, in der es vorwiegend Schwarz-Weiß-Fotos gab. Außerdem wuchs er bei einer Pflegemutter auf, die bis an ihr Lebensende für ihn sorgte und ihm nie das Gefühl gab, dass die Hautfarbe eines Menschen irgendeine Rolle spielt.

Eines Tages kam sein dunkelhäutiger Onkel über ein Tagesvisum aus Westberlin zu Besuch und fuhr mit Pascal mit der U-Bahn zum Alex. Genau während dieser Fahrt bemerkte Pascal erstmals, dass mit ihm „etwas nicht stimmte". Unzählige Passagiere drehten sich nach den beiden um, tuschelten und kurz vor der Endstation zeigte ein Kind mit dem Finger auf ihn und rief laut zu seinen Eltern: „Guck mal, die Negerpuppe kann ja sprechen!"

Sicherlich muss man dazu wissen, dass es in der DDR eine Spielzeugpuppe gab, die tatsächlich unter dem sinnfreien Namen „Negerpuppe" in den volkseigenen Läden verkauft wurde. Zwei „lebendige" schwarze Menschen waren in jener Zeit in Ostberlin nicht nur für kleine Kinder eine echte Sensation.

Neger. Es fällt mir schwer, das Wort niederzuschreiben, denn ich komme aus einem Land der politischen Korrektheit, in dem man, zurecht, wohlüberlegt in seiner Wortwahl gegenüber Andersfarbigen sein sollte. In diversen Büchern musste diese Bezeichnung mittlerweile entfernt werden. Gleichzeitig lebe ich in einem Land alter, weißer Männer, in welchem unterschwelliger Rassenhass noch immer an der Tagesordnung ist.

Während des Fluges denke ich an Pascal, da ich gerade das Buch „Herren des Strandes" von Jorge Amado lese. In Kürze werden wir Salvador da Bahia erreichen, die Stadt der Negerpriesterinnen, Negerheiligen und Negergöttinnen, wie der Autor sie in meiner Buchausgabe noch wortwörtlich nennt. Ein Ort mit dem seltsamsten Menschenschlag Brasiliens, in dem kräftige Mulatten und schwarze Vagabunden ihr Unwesen treiben und ihre Blicke kaum von den Brüsten und Schenkeln kleiner Negerinnen mit tänzelndem Gang wenden können.

In Reiseführern heißt es, dass 80 % der Bevölkerung Salvadors Afro-Brasilianer sind und die ehemalige Hauptstadt die kulturelle, religiöse und musikalische afrikanische Seele das Landes sein soll.

Als wir den Busterminal erreichen, bin ich dennoch geschockt. Alle sind dort schwarz und ich habe sofort das

Gefühl, dass uns jeder anstarrt.

Sylvie, mit den dunklen Haaren und dem eher arabisch anmutendem Äußeren, fällt gar nicht so sehr auf. Doch ich, mit meinem flatternden Blondhaar und dem weißen Gesicht, fühle mich, als ob ich soeben in Westafrika abgeworfen wurde. Ein dunkelhäutiger Krakeeler zeigt mit dem Finger auf mich und brüllt etwas, was den halben Busbahnhof amüsiert. Ich vermute, dass er gerufen hat: „Guck mal, das Persil-Paket kann ja sprechen!" Doch lieber ein Taxi nehmen?

Es gibt hier keine Harmonie und Ausgewogenheit der Rassen, dass einem augenblicklich ganz warm ums Herz wird, und zum allerersten Mal im Leben ahne ich, wie es ist, „anders" zu sein. Wir sind hier umgeben von Mördern, Frauenschändern und Dieben, die uns mit fletschenden, weißen Zähnen beobachten.

Nein! Niemand krümmt uns ein Haar und mit großer Herzlichkeit erklären sie uns, mit welchem Bus wir ins Zentrum gelangen.

Auf dem Weg dorthin treffen wir den ersten weißen Brasilianer. Im Buch von Amado gab es ein Foto des Autors – mit weißem Haar und Oberlippenbart – und wenn ich nicht wüsste, dass er bereits 2001 gestorben war, würde ich denken, wir sitzen ihm nun direkt gegenüber.

Es ist ein Deutscher, der vor über 50 Jahren ausgewandert ist, um in der schönsten Stadt der Welt zu leben. Mit Wortwitz und Charme begleitet uns Bruno auf der Fahrt nach Pelorinho und stellt uns dabei seine Stadt vor.

Zu fast jeder Häuserzeile, aber auch zum Fußball-Stadion, das wir gerade passieren, kann er Geschichten erzählen. Das altehrwürdige Estádio Fonte Nova wurde 2007

Schauplatz einer Tragödie, da bei einem Spiel, nach dem Einsturz der oberen Tribüne, im mit 60.000 Menschen gefüllten Stadion, sieben Bahia-Fans 20 Meter tief in den Tod stürzten. In der, an gleicher Stelle, neu errichteten Arena Fonte Nova wird Deutschland am 16. Juni sein erstes WM-Gruppenspiel gegen Portugal austragen.

Schnell merken wir, dass Bruno die Stadt Amados über alles auf der Welt liebt. Die noch im 17. Jahrhundert größte Stadt der Südhalbkugel und ehemalige Hauptstadt Brasiliens ist mit ihren fast 3 Millionen Einwohnern heute die drittgrößte Metropole und das eigentliche kulturelle Zentrum des Landes.

Wir sind ein wenig traurig, als wir das historische Altstadtzentrum in der „Oberstadt" erreichen, da wir uns dort voneinander verabschieden müssen.

Leider vergesse ich Bruno zu fragen, ob die „Herren des Strandes" noch immer in der „Capital da Alegria" (Hauptstadt der Freude) ihr Unwesen treiben.

„Pelorinho", so der Name des Stadtteils, den wir nun betreten, bedeutet übersetzt „Pranger" und war einmal Teil des größten Sklavenmarktes Südamerikas, wo der Hauptteil der fünf Millionen Sklaven vor einigen Jahrhunderten aus Westafrika ankam und nicht wenige von ihnen an diesem ausgepeitscht wurden. Noch heute ist die bestimmende Hautfarbe hier „oben" schwarz.

Doch das vormals heruntergekommene Viertel wurde weit vor der Fußball-WM 2014 aufwendig saniert und gehört seitdem zum UNESCO-Weltkulturerbe. Demnach sind die Menschen auch weiße Touristen gewohnt. Niemand beachtet uns bei der Suche nach einer Unterkunft.

Wir haben im Vorfeld keine Unterkunft gebucht, sodass wir lange herumirren. Die ersten vier Hotels sind ausgebucht, doch von der von uns schließlich gefundenen Behausung können wir direkt auf einen Platz mit futuristischem Springbrunnen schauen und das bunte Treiben auf den Straßen beobachten. Wir halten uns gar nicht lange am Fenster auf, sondern stürzen uns sofort ins Leben!

Die Menschen in Salvador sollen für ihre Lebensfreude, ihre Lust am Musizieren und am Tanzen bekannt sein. Bereits auf den ersten Metern über die Pflastersteine der beeindruckend hübschen Altstadt bekommen wir das zu spüren. Überall erklingt Musik aus Bars und Cafés. Die Menschen tanzen spontan auf der Straße und das alles, ohne dass es aufgesetzt wirkt. Direkt vor dem berühmten Art-Deco-Fahrstuhl „Elevador Lacersa", mit dem man in 30 Sekunden die 72 Meter tiefergelegene „Unterstadt" erreicht, zelebriert eine Gruppe dunkelhäutiger Jungs gerade eine Capoeira-Vorstellung. Wir sind beeindruckt, was man mit seinem Körper in dieser Mischung aus Kampf, Tanz, Geschicklichkeit und Spiel alles anstellen kann.

Vor der Aussichtsplattform, mit Herrscherblick auf das Hafenviertel mit seinem berühmten „Tor des Meeres", steht eine große, schwarze und vollbusige Figur.

So viel weiß ich schon durch Amado: In Salvador werden vor allem die tapfersten Frauen von der schwarzen Bevölkerung nach ihrem Tode als Heilige verehrt.

Wir fühlen uns sicher, denn durch die Restaurierung des historischen Zentrums ist hier eine Gegend wiederbelebt worden, die zuvor als äußerst gefährlich galt.

Das hatten wir noch von Bruno erfahren. Als tapfere Touristen trauen wir uns bis tief in die Nacht auch in dunkle

Seitenstraßen, wo vermeintliche Messerstecher lauern.

Viel zu spät bemerken wir, dass uns bei der Hotelwahl ein Fehler unterlaufen war, denn der Brunnen vor unserem Fenster beginnt alle halbe Stunde riesige Fontänen auszuspucken. Dazu erklingt unfassbar laute, klassische Musik. Am Tage hatte uns das noch verzückt, aber nicht nachts, halbstündlich und vor unserem Fenster! Sylvie lehnt sich um 4 Uhr neben mir mit blanken Brüsten über die Brüstung, da sie das alles nicht glauben kann. Der Mond übergießt den Platz mit gelbem Licht. „Irgendwo in der Ferne singt jemand eine traurige Samba und das Schluchzen eines Mädchens ist zu hören", hätte Amado dazu geschrieben.

Nach wenig Schlaf tauchen wir erneut in das faszinierende Leben der Altstadt ein. Die Sonne überzieht die Straßen und seine pastellfarbenen Häuserfassaden mit sanfter Helligkeit. Schon nach kurzer Zeit spüren wir die einzigartige Freiheit, die Straßen dieser Stadt durchstreifen zu dürfen. Nach einem Cafezinho, den wir an einem rollenden Kiosk von einem frech grinsenden Jungen kaufen, der so schwarz wie der von ihm gereichte Kaffee ist, kommen wir an unzähligen Kunst- und Trödelläden vorbei. Die Kopfsteinpflasterplätze und alten Kirchen ziehen uns in ihren Bann. Besonders die mächtige Catedral Basilica, die barocke Igreja de Sao Francisco und die auffallend blau getünchte Igreja do Rosario dos Petros, aber auch der Terreiro de Jesus (ein Brunnen mit Figuren, welche die vier großen Flüsse Brasiliens symbolisieren) ergeben prächtige Fotomotive.

Salvador wird aufgrund seiner vielen Kirchen und der afro-brasilianischen Bevölkerung auch „Schwarzes Rom" genannt.

Dann gelangen wir zur Bonfim-Basilika. Es ist eine beeindruckende Wallfahrtskirche im portugiesischen Barockstil mit weithin sichtbaren Türmen. In der Nähe gibt es eine Eisdiele, an der es Eissorten aus lokalen Früchten wie Umbu, Biribiri oder Jenipapo gibt. Wir entscheiden uns für Tamarinde und bereuen es nicht.

Wenig später entdecken wir das Wohnhaus Jorge Amados. Schräg gegenüber befindet sich ein Museum, wobei uns die ausgestellten Fotos und die Übersicht seiner Bücher nicht zu Begeisterungsstürmen veranlassen. Aber sagen wir es mal so: Salvador zu besuchen, ohne einem seiner bedeutendsten Bewohner zu huldigen, ist in etwa so, als verbrächte man erstmals einige Tage in Ostberlin und hätte zuvor nicht das Buch „Mauergewinner" gelesen.

Vor der Museumstür gibt es eine Skulptur aus Stahl namens Exú, welche laut Amado ein Kind darstellen soll, das es liebt, sich vagabundierend auf den Straßen herumzutreiben, Streiche zu spielen und keine Einschränkung seiner Freiheit duldet. Ich muss schon wieder an meinen Freund Pascal denken.

Allerdings hat Exú in der hiesigen Kultur eine zwiespältige Rolle, denn die Nachrichten, die er übermittelt, sind nicht immer positiv. Deshalb werden ihm Dinge geopfert, um ihn milde zu stimmen. Wir sehen in vielen Straßen Opfergaben. Häufig sind es Blumen, Kerzen und Maniokmehl, aber auch halbe Hähnchen und Schnaps stehen herum. Ich kaufe an einem Straßenstand einen Strauß schwarz-weißer Blumen, die ein bisschen wie vier kleine Fußbälle aussehen, um Exú für unser Spiel am 16. Juni gegen Portugal zu besänftigen.

Nach einem Mittagsschlaf und ein paar unfassbar guten Bahia-Frikadellen (Bällchen aus braunen Bohnen, Salz, Zwiebeln – serviert mit einer Creme aus zermahlenen Krabben, Nüssen, Öl und Kokosmilch) stürzen wir uns in das lebendige Nachtleben.

Schon zuvor hatten wir erfahren, dass wir genau zur richtigen Zeit in der Stadt sind. Am Abend findet, wie jeden Dienstag, in „Pelo" das Open-Air-Fest „Dia & Noite" statt. Unglaublich, aber die Stadtverwaltung bezahlt allwöchentlich diverse Rhythmusgruppen, Trommler und Musiker, damit sich Touristen die Darbietungen kostenlos anhören können. In Berlin feiert man einmal im Jahr beim „Karneval der Kulturen" das Miteinander aller Hautfarben – in Salvador da Bahia jeden Dienstag!

Eine ständig wachsende Menschenmenge wälzt sich rhythmisch durch die nun eng wirkenden Gassen der Stadt, denn nicht nur auf dem Hauptplatz des Viertels singen und tanzen Gruppen – die ganze Altstadt ist eine Bühne. Überall gibt es fliegende Händler, bei denen wir günstige Snacks und eiskaltes Dosenbier erwerben können.

Noch immer gibt es keine Spur von den räuberisch-stolzen „Herren des Strandes". Wir sehen auch nirgends verwahrloste Straßenkinder in Lumpen und Taugenichtse, die Klebstoff schnüffeln, stehlen oder Frauen belästigen. Der größte Barock-Slum der Welt – aus den Zeiten Amados – hat sich in dieser Hinsicht deutlich verändert. Lediglich ein schwarzgelockter Junge im Alter von etwa 10 Jahren, der gekonnt mit Kokosnüssen jongliert und dabei freudestrahlend seine blitzenden weißen Zähne zeigt, erinnert mich an die Jungs aus dem Buch, mit Namen wie Hinkebein, Kater, Joao Grande, Gottesliebling und Pedro Bala, die trotz allerlei Flausen im Kopf immer einen Stern an der Stelle des Herzens trugen.

Die Polizei läuft einige Runden, kontrolliert aber lediglich, ob alle Verkäufer auch Genehmigungen besitzen. Die leeren Dosen werden uns von Blechsammlern regelrecht aus den Händen gerissen. Sylvie kann von dem bunten Treiben gar nicht genug bekommen und will bis weit nach Mitternacht um die Häuser ziehen.

Auch ich kann die Blicke kaum von den Schenkeln und Brüsten der dunkelhäutigen Frauen abwenden, die ekstatisch und mit elegantem Hüftschwung Lambada und Samba tanzen. Doch die allerschönste Frau der Welt befindet sich an meiner Seite. In diesem Moment weiß ich, dass unter den abertausenden Sternen über Salvador da Bahia gerade nur einer für mich leuchtet.

Ich freue mich so sehr darauf, zur Fußball-WM mit dieser Frau zurückzukehren.

Herren des Strandes

Unkonventionell fahren wir von Salvador da Bahia nach Morro de São Paulo. Zunächst tuckern wir mit dem Stadtbus durch die komplette Stadt, um am „Tor des Meeres" auf eine Fähre zu gelangen. Zum ersten Mal überqueren wir somit die gigantische Baia de Todos os Santos und bewundern noch einmal die Traumstadt im Hintergrund.

Die „Bucht der Allerheiligen" ist die größte ihrer Art in Brasilien und wurde 1501 von Amerigo Vespucci entdeckt – immerhin Namensgeber des gesamten Kontinents. Auch der Bundestaat Bahia leitet sich von diesem Meeresbusen ab, in dem sich das Wasser in sanften Wellen kräuselt und graublaue Delfine fröhlich neben den Segelkuttern der Küstenschiffer springen.

Um 16 Uhr erreichen wir den Fähranleger von Valencia. Auf einer faszinierenden Bootsfahrt fahren wir zwei Stunden über Kanäle unserem Ziel entgegen. Rechts und links erblicken wir eine tropische Vegetation mit Palmen, Bananen-, Papaya-, und Mangobäumen, Mangroven, aber auch Hibiskus und Orchideen. Wir beobachten etliche Vogelarten und sehen sogar zwei Papageien und kleine Kolibris, die versuchten unsere Nasen zu küssen.

Am hölzernen Anleger stehen dunkelhäutige Jungs und erwarten die Ankommenden mit Schubkarren! Sie beknien uns regelrecht, unsere Rucksäcke damit durch den Ort zu transportieren. „Não! Nein!"
Bereits nach wenigen Metern bereuen wir die Entscheidung. Erstens geht es ständig bergauf und bergab und zweitens bestehen sämtliche Wege von Morro ausschließlich aus Sand. Es gibt weder Autos noch Motorräder, lediglich Esel

oder eben die einheimischen Chicos mit ihren Karren, die den Transport für ein paar Real ins Dorf organisieren. Sind es die neuen „Herren des Strandes"?

Wir erreichen den Ortseingang von Morro und staunen ein zweites Mal, denn es fehlt etwas. Keine Horde von Schleppern begleitet uns auf den letzten Metern. Genau genommen, gibt es eine einzige, auffallend hässliche Person, die uns eine Unterkunft aufschwatzen will. Der schlaksige Typ sieht aus wie ein Abbild von Tingeltangel Bob aus den „Simpsons". Er hat ein schmales Gesicht, eine spitze Nase, wirre Augen und vor allem rötliche Rasta-Haare, die unmöglich zu allen Seiten abstehen. Als der Kerl den Mund aufmacht und in schrägem Englisch, mit französischem Akzent, fragt, ob wir uns seine Pousada anschauen wollen, läuten bei mir die Alarmglocken. Mir kommt augenblicklich in den Sinn: „Déjà-vu". Schon einmal erlebt!

Ich sage zu Sylvie: „Ich habe echt keinen Bock auf so eine Backpackerscheiße!" Urplötzlich macht sich „Tingeltangel Bob" gerade. Ich sehe, wie seine Augen mit mörderischer Intensität zu funkeln beginnen. Er kommt auf mich zu, stellt sich vor mir auf und brüllt: „Das iis gaine Bagpagerscheeisse!"

Mist, Bob kann Deutsch! Laut fluchend beginnt er uns in deutsch-französischem Slang zu beschimpfen, was wir ungebildeten Deutschen eigentlich im Paradies zu suchen hätten. Sylvie versucht zu vermitteln, doch der Typ ist kaum zu bändigen. Nicht nur wegen der langen Anreise und der prallen Sonneneinstrahlung haben wir keine Lust auf Diskussionen, denn Freundlichkeit ist eine Tugend, an der mir viel liegt. Wir schnappen unsere Rucksäcke und gehen, ohne auf seine Frechheiten zu reagieren, einfach die Sandstraße hinauf in Richtung Ortskern.

Sylvie murmelt: „Das iis gaine Bagpagerscheeisse". Wir lachen in Morro de São Paulo zum ersten Mal. Tränen!

Letztendlich lassen wir uns von einer deutschen Frau zu einer Unterkunft führen. Sie erklärt uns, dass sie die Pousada für ein Jahr gepachtet hat und nun die Kohle wieder hereinbekommen müsse. Wir buchen uns schuldpflichtig ein. Was für eine dumme Idee! Denn wer ist ihr Geschäftspartner? Richtig, die dumme Hackfresse aus Frankreich, wie wir am Abend erfahren. Allerdings scheint der Typ mittlerweile so zugekifft zu sein, dass er uns gar nicht erkennt. Außerdem ist das Hostel Backpacker-Scheiße. Das mückenverseuchte Zimmer ist schmutzig, lieblos eingerichtet und liegt direkt vor der Gemeinschaftsküche (wo besonders die Dumpfbacke ununterbrochen herumhantiert). Es gibt eine Hängematte für 20 Gäste und vor allem liegt die Pousada „Reggae" am Arsch der Welt!

Denn beim Abendspaziergang stellen wir fest, dass es verschiedene Sandstrände mit fantastisch gelegenen Hotels gibt. Auf dem Weg schauen wir uns drei davon an, um zu unserem Bedauern festzustellen, dass alle wesentlich schöner und zum Teil sogar günstiger sind. Gleich morgen werden wir umziehen! Für eine Nacht ist das beim verstrahlten Franzmann wahrscheinlich zu ertragen.

An einem Strandabschnitt finden wir eine Churrascaria, wo es „Fleisch-mit-Fleisch" vom Holzkohle-Grill gibt. Dazu servieren sie 15 verschiedene Salate. Somit rollen wir regelrecht zurück in unsere Unterkunft. Am lautesten brüllt bis tief in die Nacht mein geliebter Tingeltangel-Bob mit dem leichten Dachschaden.

Das Frühstück, zu dem wir mit einem „Bonjour" geweckt werden, ist zwar inklusive, aber wir hätten lieber in einem der gemütlichen Cafés dafür bezahlt. Immerhin findet Sylvie beim Entfernen der in der Nacht zertretenen Kakerlaken einen eingeschweißten Beutel Marihuana unter dem Bett. Nach dem ganzen Stress mit Bob dampfen wir erst einmal einen, obwohl das sonst nicht unser Ding ist. Und was ist die Konsequenz? Danach sind wir so hammerbreit, dass wir verpeilen umzuziehen und stattdessen beschließen – entgegen allen Vorsätzen – noch einen Tag in der plötzlich „so lustigen" Bude auszuharren. Kiffen macht blöd!

Der von Psycho-Bob empfohlene Strand ist scheiße, weil man ihn bei einsetzender Flut nicht begehen kann. Doch mittlerweile lachen wir längst über alles und vor allem über uns selbst. Am Leuchtturm – erbaut auf bizarrem Felsgestein – lesen wir, dass der Ort Schauplatz vieler Angriffe von Franzosen (!) war, die damals den Portugiesen Teile der Kolonie abnehmen wollten. Das hatten sie allerdings verkackt. Nur noch Piraten nutzten danach die Buchten während der Kolonialzeit als Versteck. Zumindest sehen wir unter einem himmelblauen Himmel noch zwei drollige Miniaffen in ampelgrünen Bäumen turnen. Oder ist das alles nur Einbildung? High-Sein macht uns auch empfänglicher für die Schönheit der Welt.

Noch immer leicht stoned, setzen wir den Inselrundgang fort und auf dem Rückweg finden wir an Strand Nr. 1 (die kreativen Brasilianer haben ihre Strände einfach 1-5 genannt) eine zauberhafte Unterkunft. Dort gibt es in Zimmer 10 einen Balkon mit Familien-Hängematte und traumhaftem Blick auf den blaugrünen Ozean. Das Hotel besitzt sogar einen eigenen Strandzugang vor der Frühstücksterrasse.

Wir sagen den ausgesprochen freundlichen Besitzern, dass wir morgen um 10 Uhr auf der Matte stehen werden. Definitiv!

Zwei Stunden lümmeln wir in der Sonne herum und kühlen die verschwitzten Körper in den Fluten, bevor es zurück ins anstrengende Quartier geht. Und wer sitzt genau vor unserem verdreckten Zimmer und telefoniert lautstark in Landessprache?

Richtig, und der Typ aus „Zidane-Land" schlägt uns sogar vor, nach meiner Aufforderung, sich endlich mal zu verpissen, die Vorhänge zuzuziehen, wenn wir ungestört duschen wollen. „Willst du mich verarschen, du Penner?", rufe ich, doch Sylvie zieht mich ins Innere und kullert einen.

Der süße Duft guten Dopes verlässt in Schwaden den Türspalt und recht bald können wir wieder lächeln, im Wissen, dass wir morgen ausziehen werden.

Frohgelaunt stürzen wir uns ins Nachtleben von Morro. Entlang sandiger Wege, auf denen schweigsame Männer Säcke auf breiten Rücken schleppen, gibt es überall Verkäufer an Holztischen, die eine beeindruckende Vielfalt exotischer Früchte feilbieten. Doch das Obst ist lediglich die Zugabe zu einem Meisterwerk, denn es bildet den Bodenbelag der Becher, die mit stets passenden Alkoholsorten aufgefüllt werden. Ein Drink kostet umgerechnet etwa einen Euro und jede Füllung ist das, in diesem Moment, beste Getränk unseres Lebens. Wir grinsen über beide Ohren und freuen uns schon jetzt diebisch auf den Umzug ins neue Domizil – mit einem Cocktail-Stand und dem Strand unter dem Fensterbrett!

Am nächsten Morgen können wir gar nicht schnell genug

wegkommen. „Das iis gaine Bagpagerscheeisse", rufe ich meinem französischen Freund beim Abschied zu, der gerade ganz aufgelöst ist, weil er einen spurlos verschwundenen Beutel Gras sucht.

Dieser befindet sich in Sylvies Rucksack, und nur zwei Menschen wissen, dass sie in der Pousada „Prisa Mar" in den nächsten Tagen damit viel Freude haben werden. Das Fischerhaus mit den knirschenden Holztreppen und niedrigen Decken entspricht genau unseren Vorstellungen. Im Zimmer stürmen wir den Balkon und klettern gemeinsam in die Hängematte. Der Blick über die malerischen Strände und die frische Brise um unsere Ohren lässt uns die Unannehmlichkeiten der letzten Tage sofort vergessen. Nun müssen wir nur noch aus der Tür fallen, um in den Ozean zu springen. Also machen wir uns strandklar und rennen juchzend ins Meer.

Nachmittags lege ich mich ins geknüpfte Netz auf der Terrasse, beobachte von oben das bunte Strandtreiben und genieße das umwerfende Gefühl, lebendig zu sein. Jetzt sind wir auch in anderer Hinsicht optimal platziert, weil es sowohl ins Dorf, zu den Restaurants, als auch zu den lauschigen Strandbars nur ein Katzensprung ist. Nach einem kross gebackenen Hühnchen können wir es jedoch kaum erwarten, wieder auf unseren Traumbalkon zu gelangen, die Flasche Wein zu entkorken, das Rauschen des Meeres und unaufgeregten Sex zu genießen.

Erst am zweiten Tag verstehe ich beim Blick vom Balkon, was mir Bruno in Salvador sagen wollte. Die „Herren des Strandes" von Amado, die unten am „Tor des Meeres" in alten Bootsschuppen wohnten, sind nun keine vagabundierenden Straßenjungen in Lumpen mehr, die nichts anderes besitzen als die Freiheit, sich in den Gassen herumzutreiben und fremde Leute zu bestehlen.

Es sind die Jungs zwischen acht und achtzehn, die hier am Meer Fußball spielen, surfen und ihren Lebensunterhalt mit Schubkarren-Fahrten oder dem Verkauf von tropischen Cocktails mit bunten Fruchtbouquets finanzieren.

1937, im Jahr des Erscheinens des Buches, war Fußball in Brasilien noch nicht so populär, doch heutzutage hofft jedes Kind, jeden Alters, einmal im Leben für die brasilianische Fußball-Nationalmannschaft, die Seleção, spielen zu dürfen. Brasilien ist, spätestens seit dem ersten WM-Titel 1958, das „Land des Fußballs"!

Bereits am Nachmittag packt es mich und – wie durch ein Wunder – mag mich ein Typ namens Vito, sodass ich in der Abwehr seines Teams als Abräumer mitspielen darf.

Er hatte mich gestern in seiner Strandbar auf mein grüngelbes Jamaika-Trikot angesprochen und nachdem ich dreimal „Tudo bom chefe?" gerufen hatte, stimmte die Chemie zwischen uns. Ich nenne ihn „Don Vito", was er wohl ziemlich cool findet.

Die Dribbler und überheblich lächelnden Ballkünstler in seinen Reihen verkörpern für mich den schönsten Menschenschlag Brasiliens. Die Jungs sind zwar unreif, überemotional und undiszipliniert, aber eben auch total unbekümmert. Sie mögen Improvisationen und das schöne Spiel. Ich spüre: Niemand liebt diesen Ort so sehr wie diese jungen Fußballer.

Ab jenem Tag geschieht eigentlich nichts mehr, außer Abhängen, Baden, Kiffen, Fußballspielen und Cocktails-Schlürfen. Doch, die Abendessen! In Morro gibt es die besten

„Moquecas" der Welt, ein aus Fisch, Meeresfrüchten und Gemüse hergestellter Eintopf, welcher zusammen mit Kokosmilch, frischem Koriander und Gewürzen in großen Tonschalen serviert wird. Alternativ kann man den göttlichen Garneleneintopf Bobó bestellen.

Direkt nach dem Aufstehen springe ich vom hoteleigenen Ausgang ins kühlende Meer, genieße mit Sylvie das fantastisch zubereitete Frühstück unserer neuen Gastgeber und dann macht jeder das, was ihm am besten gefällt. Nur der nachmittägliche Strandspaziergang ist ein gemeinsamer Programmpunkt.

Morro de São Paulo hat fünf Hauptstrände: Am Primera Praia (Strand Nr. 1) wohnen wir. In Berlin gibt es ein Graffiti, welches besagt: „Unter dem Asphalt liegt ein Strand aus Sand". Was soll man dazu sagen? Morro de São Paulo besitzt keinen Asphalt! Vom tropisch bewachsenen Leuchtturmhügel mit Panoramablick stürzen sich Wagemutige an einem Seil ins Wasser. Außer dem Schwimmen und dem Nichtstun zu frönen, kann man hinter einem Riff surfen, wenn man es draufhat. Außerdem spielen die „Kleinen" hier ihre Besten im Fußball aus, um bei den Chefs in Zukunft mal mitspielen zu dürfen.

Segunda Praia (Nr. 2) ist die „Sehen-und-Gesehen-werden-Ecke" mit pulsierendem Strandleben, denn die Liegestuhlfraktion zeigt dort ihre gut gebauten, gebräunten oder schwarzen Körper. Die besten, vorwiegend dunkelhäutigen, Fußball-Jungs geben sich zudem ein Stelldichein. Nicht nur deshalb ist es eine große Ehre, dass ich dort überhaupt mitkicken darf. Auch der Franzosen-Clown taucht ab und zu mal auf und kann sogar einigermaßen kicken.

Natürlich spiele ich dann immer im gegnerischen Team und grätsche ihn einmal so böse weg, dass er fluchend von dannen zieht. „Bon voyage", rufe ich hinterher. Don Vito klopft mir auf die Schulter und auch Sylvie zeigt mir aus der Ferne den Daumen, während das lärmende Gelächter der „neuen Herren des Strandes" wie eine Hymne erklingt. Am Abend ist „Número dois" der Partystrand, wobei wir nicht in der Hochsaison mit diversen Mondfesten gekommen sind.

Strand Nr. 3 (Terceira Praia) ist der Baby- und Familienstrand, weil man dort weit und knietief in den klaren, warmen Atlantik laufen kann. Im Hintergrund der immergrüne tropische Regenwald und im Vordergrund eine unbewohnte Insel, die zum Tauchen einlädt.

Quarta Praia (Nr. 4) ist eigentlich der schönste und ruhigste Abschnitt, weil dieser – umgeben von borstigen Palmen und abgerundet von Korallenriffen – mit von der Natur geschaffenen Pools am ehesten einem Traumstrand entspricht. Im Dorf verkauft man sogar Postkarten von diesem Idyll. Oft treffen wir dort zwei prachtvoll gebaute Typen, bei denen es schwer zu sagen ist, wer von den beiden tuntiger ist.

Am isolierten, kilometerlangen Strand Nr. 5 (Quinta Praia) hört man nachts nichts anderes als das Liebesgeflüster und das Geräusch von Leibern, die sich auf dem warmen Strand wälzen. So die Legende. Allerdings ist dieser auch am weitesten von unserer Hängematte entfernt, sodass wir dort eher selten zugegen sind und lieber im eigenen Bett übereinander herfallen.

Die Tage enden also tief in der Nacht in unserem Liebeslager im „Südseeparadies" Brasiliens. Oder sind es Wochen?

Die Zeit ist stehengeblieben! Es gibt plötzlich kein Gestern, Heute oder Morgen mehr. Nur noch dieses seltene Augenblicksglück!

Bei herrlichem Sonnenschein werden wir immer brauner und blonder und meine einzigen Überlegungen drehen sich darum, wann mich Vito zum Spiel herunterpfeifen wird, ob wir am Abend Meeresfrüchte, Crêpes oder doch lieber Gegrilltes essen werden und ob dazu eisgekühltes Bier, ein Früchtecocktail oder argentinischer Rotwein besser passt. Und ein Tütchen rauchen müssen wir ja auch noch. Das nenne ich mal positiven Stress! Auf dem Nachhauseweg schimmert das Meer fast immer in einem geheimnisvollen Blaugrün, während der Mond sein goldgelbes Licht über uns ausgießt.

Eines Tages gehen wir dann doch mal ins Dorf, um zu schauen, wie man hier überhaupt wieder wegkommt. Langsam heißt es, Abschied von den Traumstränden zu nehmen. Nachdem wir eine Woche gegammelt haben, machen wir uns ernsthaft daran, weiter in Richtung Norden zu fahren. Am Abend müssen wir bei Vito eine schwierige Entscheidung treffen: Sollen wir die allerletzte „Caipirinha de Mangaba" lieber mit Wodka oder mit Cachaça auffüllen lassen? Wir haben es nicht einfach in Morro de São Paulo und ich wäre gerne bis zum Start der Fußball-WM 2014 geblieben. Ein Traum in Gelb, Grün und Blau.

Vamos Alemanha

Tatsächlich müssen wir am Bahnhof von Salvador da Bahia gar nicht lange auf den Bus nach Recife warten und können uns sofort in die gereichte Decke hüllen.

Kein „Bahia-Kerosin" rauscht nun mehr durch unsere Adern, denn wir haben das unangenehme Gefühl, Deutschland schon wieder näher zu kommen, obwohl wir nur innerhalb Brasiliens in Richtung Nordosten fahren.

Lange Strecken im Bus haben Vor- und Nachteile. Zum einen ist es saukalt und beengt im Inneren, andererseits hocken wir nicht in einem stickigen Bürokabuff bei stumpfsinniger Arbeit, haben Zeit zum Träumen und immer die Aussicht auf ein neues Naturwunder. Beim Aufwachen zieht der Himmel wie ein blauer Ozean mit weißen Wellen über uns hinweg.

Wir erreichen Recife, die Hauptstadt und Herzkammer Pernambucos. Mit der Metro fahren wir in die Innenstadt bis zur Endstation.

Recife soll eine der gefährlichsten brasilianischen Metropolen sein, nicht nur weil es in der Stadt, deren Name sich vom Wort „Riff" ableitet, öfter zu tödlichen Haiangriffen kommt. Doch wir wissen, dass ein „Allianz versichertes Leben" auch nicht immer erstrebenswert ist. Vor dem Metro-Ausgang erwartet uns ein bedrohlich wirkendes Hochhausmeer – oben eine glitzernde Stadt aus Glas, unten eine aus Müll in stinkenden Kanälen. Bis zur WM sind es nur noch ein paar Monate. Deutschland wird hier am 26. Juni sein drittes Gruppenspiel gegen die USA in der, extra für die WM errichteten, Itaipava Arena Pernambuco austragen.

Wir orientieren uns derzeit an einem in Salvador gefundenen

italienischen „Lonely Planet"-Reiseführer, in einem Land, wo die Leute portugiesisch reden und wir für beide Sprachen in unserem Leben nicht hinreichend geschult wurden. Okay, ganz so schlimm ist es nicht, weil wir ganz gut Spanisch sprechen und somit zumindest auf Italienisch ahnen, dass wir nicht in der 39-Brücken-Stadt bleiben müssen, sondern auch ins benachbarte Olinda fahren können.

Mein universeller Wortschatz-Mix ist bisher so gut, dass der lieben Sylvie, die Spanisch nahezu perfekt beherrscht, fast überall gesagt wird, sie solle mal lieber ihren tollen Freund holen, da der ja so fantastisch das brasilianische Portugisisch spricht. Das nervt sie merklich. Ich finde es amüsant.

Manchmal reichen eben ein paar elegante Worte einer fremden Sprache, um die Herzen zu erobern. „Por favor" (Bitte), „Obrigado" (Danke), „Muito bom" (Super) gehören ebenso dazu wie „Não" (Nein!), „Cerveja" (Bier) und „Dois mais" (noch zwei). Die Worte haben hier immer einen gewissen Swing und strahlen eine melodische Unbekümmertheit aus. Eine Sprache zum Verlieben.

Im Zentrum steigen wir in einen Lokalbus und fahren etwa 7 Kilometer, um in einen der ältesten historischen Orte des Landes zu gelangen. Doch in der idyllisch, auf grünen Hügeln, gelegenen Denkmalstadt Olinda scheint – im Gegensatz zum vermeintlich so unsicheren Recife – der Hund begraben zu sein.

All die schnuckeligen Kopfsteinpflasterstraßen entlang verzierter, pastellfarbener Kolonialhäuser – mit bunten Graffitiwänden an Kunstgeschäften – sind verwaist. Sylvie kommt zudem auf die brillante Idee, nach der anstrengenden 15-stündigen Bustour sieben verschiedene Hotels anschauen zu wollen. Natürlich sind die alle weit verstreut und oftmals mit Zimmern im 5. Stock, wo wir 72 Treppen zur Begutachtung hinaufstiefeln müssen.

Irgendwann habe ich die Schnauze voll und beschließe, dass wir in die hübsche (ebenerdige) „Pousada São Francisco" am Marktplatz einziehen werden. Mein Mädchen ist sauer, nur weil die Unterkunft umgerechnet zwei Euro mehr kostet. Manchmal verstehe ich den kleinen Dickkopf echt nicht.

Aber wir streiten nicht lang, weil uns die Besitzer zur Begrüßung – es ist nun 12 Uhr mittags – eine kühle Caipirinha in die Hand drücken, mit dem Hinweis, dass wir diese auch am hellblau schimmernden Swimmingpool trinken können. Das bringt die erhitzten Gemüter endgültig zur Abkühlung und nach einem Mittagsschlaf sieht die Welt sowieso wieder blendend aus. Wir beginnen uns so wohlzufühlen, dass es unmöglich ist, sich daran zu erinnern, warum wir eigentlich mal gestritten hatten.

Um 14 Uhr bin ich wieder fit und schlendere allein durch die malerisch-verträumte Kleinstadt, welche immerhin 360.000 Einwohner haben soll. Wären wir nicht zuvor in Salvador da Bahia – mit seiner Überdosis an Schönheit – gewesen, würde ich begeistert meine Kamera zücken und die Altstadt, mit ihren gut erhalten Kirchen und Museen, sicherlich auf mehr als nur vier Bildern festhalten. Wahrscheinlich sind die Festplatten meiner Sinne schon wieder voll.

Allerdings ist das hiesige Zentrum, mit den kachelverzierten, bunten Häusern und den maurisch wirkenden Balkonen, auch nur so groß wie drei Straßenzüge in der bedeutenden Stadt an der weitausholenden Bucht. Lediglich die „Igreja Nossa Senhora des Neves", umzingelt von gigantischen Palmen, ist einmalig fotogen.

Ich hole Sylvie und wir beschließen, weil Olinda unter einer drückend-feuchten, tropischen Glocke liegt und über keinen vernünftigen Strand verfügt, zurück nach Recife zu fahren. Beach-Rumhänger sind wir eigentlich nicht. Wir wollen lediglich die „Copacabana des Nordostens" begutachten, die während der Fußball-WM sicher die Massen anziehen wird.

Der sieben Kilometer lange Strand in Boa Viagem ist in drei Jardins (Gärten) unterteilt und hat recht wenig mit seinem großen Bruder in Rio gemein. Es fehlen die kleinen grünen Hügel im Wasser und auch die faszinierende Harmonie der Menschen aller Hautfarben. Es fehlt das Flair.

Ausschließlich afro-brasilianische Jungs spielen schweißjagendes „Futevolei" (diese Mischung aus Volleyball und Fußball) und weiße Polizisten fahren Streife.

Außerdem ist der Strand nach dem Bau des Hafens von Haien verseucht, reimen wir uns zusammen, denn große Schilder weisen darauf hin, dass es oftmals fiese Attacken auf Surfer geben soll. Somit meiden auch wir das Meer.

Genau an diesem Strand wurde zudem der Italienerin Felicia, die wir in Morro getroffen hatten, ein Messer an den Hals gehalten, um sie zur Herausgabe von lächerlichen 30 Real (10 €) zu bewegen. Wir nehmen uns wie zwei Kinder an die Hand und trinken „Cerveja Skol" an einem gelben Kiosk.

Ein winziger Hauch von Bedrohung ist zwischen den Gärten des Meeres immer zu spüren. Obwohl wir gehört hatten, dass heute „Terca Negra" (schwarzer Dienstag) ist, wo Bands im Altstadtviertel „Recife Antigo" mit Forro-Rhythmen einheizen, machen wir uns noch vor dem Sonnenuntergang aus dem Staub. Das kann dann alles im WM-Sommer nachgeholt werden.

Wir kommen also zurück in den Ort, der durch den Satz seines Gründers den Namen erhielt: „O, linda posicao para uma vila!" Recht hatte er: eine schöne Lage für eine Stadt, nur dass heute riesige Strohballen durch die verwaisten, steilen Gassen kullern. An Wochenenden und vor allem während des Karnevals (einer der bekanntesten und am wenigsten kommerzialisierten Brasiliens) soll es auf den Straßen und in den Bars der „Schönen" heiß hergehen. Heute können wir uns das nicht mal ansatzweise vorstellen. Egal, die himmlische Ruhe lässt auch die innere zurückkehren. In einem Café mit Innenhof essen wir herzhafte Crêpes, Käse-Tapiocas und Queijadinhas – ein Nachtisch aus Käse und Guaven. Wir genießen die lauschige Stimmung, das subtropische Zirpen der Grillen und das von Nachfahren der Zuckerbarone gereichte süße Getränk namens Caipirinha.

In der Pousada lockt uns der beleuchtete Pool in seine lauwarmen Fluten. Auf einer Liebeshängematte lassen wir den Rest des Abends ausschaukeln. Einfach mal abhängen, knutschen und die Magie des Augenblicks genießen.

Unsere Gastgeber sind unbarmherzig herzlich, sodass wir unser Zimmer und das Wohlfühlbecken bis 17 Uhr des nächsten Tages belagern dürfen.

Der Tag vergeht mit einem letzten Bummel im UNESCO-Kulturerbe-Dorf und einer kleinen Stärkung am Nachmittag. Gegen 19 Uhr treffen wir schließlich am Busterminal von Recife ein. Leider erwartet uns nun der nächste Höllenritt. Wir haben sogar ein Hotel in Fortaleza telefonisch vorgebucht, weil dort gerade ein Festival stattfindet und fast alle Unterkünfte ausgebucht sind. Wir zischen drei Brahma, ein Level, das uns im Bus recht bald einschlafen lässt und in Litern gemessen verhindert, allzu oft die enge Bordtoilette zu besuchen.

Nach der anstrengenden Fahrt erreichen wir die fünftgrößte Stadt Brasiliens. Wie immer war es arktisch kalt unter der Klimaanlage gewesen und langsam melden sich die ersten Erkältungssymptome. Das eigentlich Ärgerliche: Wir sind gerade über 1.000 Kilometer gereist und haben die „grünste Stadt der Welt" Joao Pessoa, den von Göttern erschaffenen, delfinverseuchten Strand von Praia do Pipa und ein verwunschenes Hinterland einfach links liegen gelassen. Während der Fußball-WM werde ich dieser Region wesentlich mehr Ehrerbietung zollen.

Schon beim Erreichen Fortalezas wird uns das Hauptproblem der tropischen 2,8-Millionen-Metropole deutlich vor Augen geführt: Der Unterschied zwischen Arm und Reich scheint hier noch extremere Ausmaße zu haben. Am Strand von Meireles und am Praia do Futuro ist alles superschick, mit schilfgedeckten Restaurants, edlen Boutiquen und Straßen, die wie geleckt aussehen. Auf ihnen kriechen schamponierte Autos, mit dicken Menschen im Wagen, entlang.

Doch nur ein paar Blöcke weiter sehen wir das komplette Gegenteil: Dritte-Welt-Elend. Ein Großteil der Bevölkerung soll in Favelas wohnen – in der bekanntesten (Picambu) sogar über 150.000 Menschen. Doch was heißt eigentlich Elend? Vielleicht in unserer deutschen Weltverbesserer-Mentalität, die keinerlei Dreck, offene Abwasserkanäle, wirr verzweigte Stromkabel, zerrissene T-Shirts und verbeulte Sandalen duldet. Die ärmeren Menschen, ob jung oder alt, haben fast alle ein gemaltes Lächeln im Gesicht. Die Wirklichkeit ist manchmal eine viel heilere Welt, als wir glauben. In Fortaleza wird am 21. Juni das zweite Gruppenspiel der Deutschen gegen Ghana im Estádio Plácido Aderaldo Castelo, kurz Castelão, stattfinden. Vielleicht besuchen wir die Stadt also zweimal in diesem Jahr.

Bei der Ankunft gönnen wir uns in der vorgebuchten, knastähnlichen „Pousada Veleiro" im Centro – umgeben von Schuttbergen und Hochhäusern – einen Mittagsschlaf. Dann gehen wir in ein Touristenbüro, um Inlandsflüge nach Belem, dem Einfallstor zum Amazonas, zu buchen. Leider sind diese zu teuer, sodass wir wieder am Busbahnhof landen, um die letzten zwei Tickets für eine Fahrt bis nach São Luís zu ergattern. Die morgige Bustour wird – laut Zeitplan – etwa 18 Stunden dauern und wäre somit die dritte Langstrecke innerhalb von nur vier Tagen. Das finden wir lustig, weil wir bescheuert sind!

Am Abend gehen wir zum Stadtstrand von Iracema. Vor dem Meer liegen etliche „Jagandas" – urzeitlich anmutende Segelflöße – im Sand. Noch heute fahren Fischer mit diesen, aus ein paar Rundhölzern gebauten, kolonialzeitlichen Booten mit gehisstem Segel auf Fischfang, während junge Nachfahren die primitiven Nussschalen für touristische Ausflüge missbrauchen.

Auf dem Boulevard ist ein farbenfroher Markt aufgebaut und die Restaurants haben Tische und Stühle auf den Strand gestellt. Es herrscht eine fantastische Stimmung – auch am restaurierten Bootsanleger „Porte dos Ingles" mit einem Ausblick auf die lang gezogene Bucht von Fortaleza. Wir genehmigen uns zwei dickbäuchige Gläser Caipirinha im so genannten „Schwimmbadclub". Dort treffen wir Carlos, der uns erzählt, dass dieser Stadtteil nach einer weiblichen Hauptfigur des Autors José de Alecar benannt ist. In dessen Roman von 1925 heißt die „Frau mit den Honiglippen" Iracema und nun trägt eines der quirligsten Viertel Brasiliens ihren Namen. Manchmal kann einen schon die Poesie eines Ortes fesseln. Und ich habe sogar die schönste Frau der Welt an meiner Seite in der Honiglippenbucht!

Wir hätten nur eine Pasta mit Meeresfrüchten bestellen sollen, denn die Portionen sind überdimensional groß. Obwohl ich gerade bewegungsunfähig bin, überzeugt mich Sylvie genau jetzt, zu diesem, überall im Lokal-TV live gezeigten, Festival zu fahren. Per Taxi brauchen wir eine Stunde, um hinzugelangen, und als wir aussteigen, sehen wir schon von weitem, was uns erwarten wird. Mit tausenden Menschen laufen wir in Richtung einer „brasilianischen Loveparade". Der Caipi und das Bier drücken auf die Blase und auf dem Weg uriniere ich einfach – zusammen mit zwei leicht bekleideten Frauen – in den Wald.

Vor den eng zulaufenden Eingangsgattern herrschen im Gedränge albtraumhaft- klaustrophobische Zustände und wir sind schnell verschwitzt. Ob es am Fieber, der Hitze, der haarsträubenden Intensität oder an der Aufregung liegt? ‚So muss man sich fühlen, wenn man in einer unbekannten Stadt während einer Fußball-WM zehn Minuten vor Spielbeginn ohne Karten vor dem Stadion aufschlägt', denke ich, denn es gibt keine mehr an den Kassenhäuschen. Als „blonder Engel" falle ich zudem aus dem gewohnten Raster. Viele Besucher starren mich ungläubig an. Zum Glück bedarf es keinerlei Diskussion: Abbruch!

Wären wir mit mehr Zeit und ohne die bevorstehende 18-stündige Busfahrt im Hinterkopf zu haben, geblieben und hätten Tickets auf dem Schwarzmarkt gekauft? Ich weiß es nicht. Menschenaufläufe wirken auf mich oftmals bedrohlich. Manchmal ziehen sie mich auch magisch an und ich verschmelze mit der Euphorie der Massen. Das Leben darf manchmal auch laut sein. Heute nicht. Bei der Fußball-WM wäre ich versackt und hätte mich kübelweise mit Glücksgefühlen überschütten lassen. Glaube ich. Hoffe ich.

Also geht es zurück in die Nähe unserer Pousada. Wir lassen die laue Sommernacht in einem kleinen Pub ausklingen. Kurz bevor wir gehen wollen, entert eine Reggea-Salsa-Band den Laden. Die heißen Jungs und beinahe barbusigen Frauen werden zu einem vom Zufall inszenierten Bühnenbild, das die Einzigartigkeit des Lebens symbolisiert. Wir tanzen mit anderen Gästen bis tief in die Nacht auf der Straße. Fast so, als wären wir schon im WM-Fieber 2014!

Komplett im Arsch

Sommerliche Außentemperaturen von 30 Grad, aber im Inneren des Busses sind es nur 10. Es ist eine 18-stündige, frostige Tortur. Wir fahren an Weltwundern Brasiliens wie dem abgelegenen Hippie-Strand in den Dünen von Jericoacoara und den cyan-farben schimmernden, kristallklaren Lagunen von Maranhenses einfach so vorbei, um uns stattdessen eine fürchterliche Erkältung einzufangen. Ich zumindest, denn schon nach der Hälfte der Strecke geht es mir beschissen, mit Schüttelfrost, Magenkrämpfen und Fieber. Außerdem haben wir die Plätze direkt vor der Bordtoilette. Es stinkt widerlich. Die „Semicamas" (Halbbetten) sind zudem ein Witz. Die Fahrt ist eine Katastrophe für Körper und Seele und ich hoffe irgendwann nur noch, sie lebend zu überstehen. Eigentlich müsste ich sofort in ein Krankenhaus.

Sylvie geht es besser, sie ist beschwingt, während ich ihr schwankend in São Luís hinterhertrotte. Sie hatte vorab entschieden, das, laut „Lonely Planet", beste Backpackerhotel der Stadt zu buchen. Unter der Rubrik „Splurge" wird die kachelverzierte „Pousada Colonial" dort eingeordnet. Was auch immer das zu bedeuten hat?
Wir bekommen ein stickiges Zimmer ohne ein einziges Fenster zugewiesen! Nach dreistündigem Tiefschlaf schleift mich Sylvie bei nunmehr 35 Grad nach draußen in die UNESCO-Kulturerbe-Altstadt. Ich weiß noch immer nicht, ob sie begriffen hat, dass es mir wirklich schlecht geht. Als ich nach einer Stunde zurück wanke und im Zimmer Fieber messe, ist die Temperatur meines Körpers um 5 Grad höher als die, welche vor der Tür herrscht. Ich habe 40 Grad Fieber.
Nach zwei Aspirin schlafe ich nochmals bis 18 Uhr. Ob-

wohl es mir danach etwas besser geht und ich mit Sylvie an einem romantisch beleuchteten Platz eine Kleinigkeit essen gehe – Alkohol fällt für mich heute aus –, schmerzen um 20 Uhr schon wieder sämtliche Glieder. Meine Freundin tut mir zwar ein bisschen leid, dass wir die kolonialzeitliche Kopfsteinpflaster-Idylle gegen unsere Dunkelkammer eintauschen müssen, aber ich möchte mich einfach nur noch hinlegen. Splurge!

Natürlich ist die Grippe am nächsten Morgen noch nicht verschwunden. Trotzdem bin ich gerührt, weil mein Mädchen einen bunten Blumenstrauß und frisches Obst neben mein Bett gestellt hat. Doch keine einzige Frucht bekomme ich herunter, denn ich bin noch immer komplett im Arsch.

Um 12 Uhr fahren wir mit dem Taxi ans Meer. Scheißegal, ob die Altstadt von São Luís unter Denkmalschutz steht und die Häuser mit kunstvollen Azuleja-Kacheln verziert sind. Der schwülwarme Ort mit der drittgrößten afro-brasilianischen Bevölkerungsdichte ist die einzige Provinzhauptstadt Brasiliens, welche von Franzosen gegründet wurde. Da kann ich ja gar nicht gesund werden.

Sylvie hatte während meines Fieberwahns eine urige Pousada mit Bungalows ausfindig gemacht, welche ihre besten Zeiten zwar schon lange hinter sich hat, aber versteckt in einem verwunschenen Wäldchen und in der Nähe des Meeresbrisen-Ozean liegt. Überall blühen farbenfrohe Blumen. Äußerst erholsam bei nur noch 39 Grad Fieber. Lediglich das Hornissennest, das über dem Zimmer baumelt, stört die Beschaulichkeit ein wenig. Dafür flattert ein bunter Amazonas-Papagei im Gelände frei herum und lässt sich trotz der brummenden Monsterwespen häufig auf dem Geländer unserer Terrasse nieder.

Obwohl es mir noch immer nicht sonderlich gut geht, lade ich Sylvie am weitläufigen Strand zu einem, auf fünf Grad heruntergekühlten Bier in eine Strandpinte ein. Ihre Haare flattern im Wind und ihr Lachen erinnert mich daran, warum ich diese Reise in Angriff genommen habe. Der während der Ebbe betonglatte, breite Strand ist nun ein Fußballplatz und wir sehen erstmals auf dieser Tour 11 gegen 11 am Meer gegeneinander kicken. Als Tore dienen vier provisorisch in den Sand gehauene Holzpfähle. Strandfußball auf sehr hohem Niveau. Da könnte ich niemals (nicht mal zwei Minuten) mithalten. Heute sowieso nicht!

Leider missfällt meinem leidgeprüften Magen der eiskalte Gerstensaft und weil es weit und breit kein erreichbares Klo gibt, renne ich wie ein Irrer an den Zauber-Fußballern vorbei ins weit entfernte Meer, welches an diesem Strand für den größten Gezeitenwechsel Brasiliens bekannt ist. Fast schon panisch ziehe ich hinter dem dritten Wellenkamm die Badehose herunter und ... füttere Fische.

Es geht nicht anders und immerhin ist niemand in meiner Nähe. Die Fäkalien der Stadt fließen augenscheinlich auch über ein rostiges Rohr in die Fluten des Atlantiks.

Nach dieser Scheißaktion bin ich geschwächt und gehe früh ins Bett. Ich hoffe inständig, dass der Spuk morgen vorbei ist. Sylvie sitzt draußen, isst einen Grillfisch und quatscht noch lange mit den Besitzern der Anlage. Ich denke: ‚Du könntest mich ruhig mal ein bisschen mehr bemitleiden!'

In der Nacht hat mein Körper beschlossen, wieder gesund zu werden. Bereits um 7 Uhr bin ich wach und freue mich auf das Frühstück mit unseren freundlichen Gastgebern. Das ältere Paar scheint ohne kommerzielle Hintergedanken ihre

„Pousada Papagaio" zu führen und will einfach nur glücklich sein!

Nach zwei Scheiben Weißbrot und zwei Tassen Tee lege ich mich auf die Liege vor der Terrasse und genieße den Blick auf die noch schlafende Sylvie, den Papagei auf einem olivgrünen Baum und das graublaue Meer in der Ferne.

Am Nachmittag machen wir einen Strandspaziergang und gehen im Anschluss gegrillte Garnelen essen. Plötzlich schlägt das Wetter um. Es beginnt fürchterlich zu regnen. Wir sitzen geschützt unter dem Palmenblätter-Vordach einer Bar und beobachten bei Stromausfall und einsetzender Dunkelheit, wie zitronengelbe Blitze aus dem Abendhimmel zucken.

Auf dem Rückweg versinke ich hüfttief in einem gerade entstandenen Schlammloch und sehe danach aus wie ein Schwein. Was für ein Fluch liegt denn auf mir?

Ich brauche ewig, um die braune Kruste an den Waden vollständig abzubekommen, bemerke aber unter der Dusche, dass die Fieberkurve weiter sinkt. In der Nacht sitzen wir vor der Hütte unter schlafenden Hornissen und lesen.

Am nächsten Morgen wecken uns die Hoteliers bereits um 7.30 Uhr, nur um uns zu zeigen, dass sie ein „ganz tolles" Frühstück für das deutsche Paar zubereitet haben. Zum Glück können wir nach der Präsentation von exotischen Früchten, Seafood und Toast noch zwei Stunden schlafen. Wir bedanken uns mit einer herzlichen Umarmung, checken aus und fahren zum Busbahnhof von São Luís. Dort können wir die Rucksäcke einschließen und mit einem City-Bus nach Down Town fahren.

Die Sonne scheint uns mitten ins Gesicht und so finde auch

ich die mediterran wirkende Altstadt mit den französischen Herrenhäuern plötzlich ganz entzückend. Kaum fotografiert, aber viel Schönes gesehen! Wir schlendern noch ein wenig in Praia Grande herum und trinken in einer Bar – mit Blick auf den Rio Antil – bei herrlichem Sonnenuntergangslicht ein kühles Gläschen Sekt!

Um 20 Uhr startet unsere letzte längere Bustour in diesem Urlaub in Richtung Belem. Leider ist dieses Gefährt das schlechteste, was wir meinem Hintern bisher angetan haben. Und nicht nur das. Der Bus ist verdreckt, es ist unfassbar wenig Platz zwischen den Sitzreihen und bei uns – in der Nähe des Klos – stinkt es erneut. Die Schrottkarre ist diesmal auf 5 Grad Celsius heruntergekühlt und die Rucksäcke (mit den ganz dicken Jacken) sind bereits im Stauraum verbarrikadiert. Busfahrten sind manchmal richtige Lebenszeit-Diebe.

Entsprechend gerädert kommen wir gegen 12 Uhr mittags im hektischen Belem, der ersten von Portugiesen gegründeten Stadt am Amazonas-Delta, an. Nein, meine Grippe ist nicht wieder ausgebrochen. Ich fühle mich ausnahmsweise nur schlapp. Zudem spüre ich erstmals im Leben, dass ich Hämorrhoiden besitze und diese Dinger fürchterliche Schmerzen verursachen können. Muss man mich eigentlich dauernd quälen, damit ich spüre, noch am Leben zu sein? Reisen ist doch Kacke!

Mit einem Taxi fahren wir auf schönen Boulevards in die schmutzig wirkende Innenstadt und müssen dort feststellen, dass das von uns im Italo-Reiseführer gewählte Hotel nicht mehr existiert. Durch ein Gewühl von Straßen und Gassen – vollgestopft mit wuseligen Menschen – suchen wir übermüdet und mit schwerem Gepäck eine Alternative im Geschäftsviertel. Obwohl sie im einzigen von außen als Schlafgelegenheit erkennbaren „Central" nur noch die „Apartments superior" für 69 Real haben, buchen wir es sofort, ohne uns den Raum vorher anzuschauen. Wir wollen nur noch pennen. Das Zimmer ist eine mit Stockflecken übersäte Keimzelle!

Nach einem unruhigen Mittagsschlaf – mit Aircondition auf Anschlag – bummeln wir in die vom Kautschuk-Boom reichgewordene Stadt am Äquator und entdecken nach langem Fußmarsch endlich eine passable Ecke Belems.

Dort gibt es eine Mangobaum-Allee entlang der Uferpromenade, eine Restaurant-Passage in umgebauten Lagerhallen und eine gusseiserne Konstruktion am Mercado „Ver-o-Peso", in der sich ein Fleischmarkt befindet. Um ihn herum können wir einen Fisch-, Gewürz- und Früchtemarkt mit hunderten Farben und Gerüchen an hölzernen Ständen durchstreifen. Wir trinken am „Estação das Docas" ein Chopp (gezapftes Bier) mit Blick auf mit Hängematten bespannte Kähne und Boote, die gerade Waren entladen. Obwohl an den Docks überall fantastisch riechende gegrillte Fisch-, Garnelen und Fleischspieße feilgeboten werden, möchte Sylvie hier nicht essen. Sie schlägt aber auch keine Alternativen vor. Ich bin angepisst und würde sie am liebsten stehenlassen, aber Belem bei Nacht scheint mir für eine Trotzreaktion nicht geeignet zu sein. Schweigend marschieren wir zurück zum Hotel.

In dieser nunmehr äußerst gefährlich wirkenden Ecke gibt es natürlich kein einziges Restaurant. Letztendlich holen wir uns muffig schmeckende Empanadas aus einem Minimarkt. Ich schmeiße meine Portion im Zimmer sofort wieder weg. So achte ich zumindest übellaunig auf mein Gewicht.

Recht bald dreht Sylvie, die ich heute am liebsten in einem Fluss mit gefräßigen Piranhas versenken würde, komplett durch. Zwei Kakerlaken huschen nämlich durch den Raum. Sie hat sofort einen Puls von 180 und fängt an, sämtliche Möbelstücke im Zimmer zu verrücken. Leider tauchen dadurch noch etwa dreißig weitere der lichtscheuen Schaben auf. Sie sind in Nordbrasilien rotbraun, etwa sechs Zentimeter lang, haben sehr lange Fühler und gut ausgebildete Flügel.

Mein Rumpelstilzchen-Mädchen tötet alle mit knallrotem Kopf und einem (meiner) Badelatschen. Was für ein kranker Scheiß! Später bin ich froh, dass sie irgendwann einnickt und mich nicht die ganze Nacht mit Panikattacken wachhält. Sie hatte ununterbrochen gejammert, dass ihr die Viecher im Schlaf bestimmt über das Gesicht und die Beine krabbeln werden.

‚Und wenn schon! Morgen geht es in den Urwald mit richtig fiesen Kreaturen', denke ich. Dann decke ich sie mit dem Bettlaken vorsichtig zu und gebe ihr einen Kuss auf die Stirn. „Eigentlich liebe ich dich ja", murmele ich vor mich hin, bevor auch ich endlich wegdämmere.

Großes Theater

Charakteristisch für diese Reise: Wahrscheinlich verpassen wir durch den überstürzten Aufbruch in Richtung Manaus ein absolutes Highlight in Brasilien. Statt gemächlich mit einem Boot auf dem berühmten Amazonas in Richtung der Urwald-Metropole zu dümpeln, haben wir die schnelle Anreise in den Dschungel gebucht. Aus mehreren Erzählungen ging nämlich hervor, dass der fünftägige Flusstrip in einer Hängematte zwar sehr anstrengend, aber unfassbare Eindrücke, Bilder und Augenblicksmomente bereithalten soll. Eine Eintrittskarte in die Abenteuerwelt. Leider haben wir keine Zeit für eine spannende Tom-Sawyer-Flussfahrt.

Unser Flug ist demnach komfortabler, teurer und langweiliger. Den wasserreichsten Fluss der Erde sehen wir nur aus rund 8.000 Metern Höhe unter uns. Als ich das gewaltige Grün bis zum Horizont aus der Luft erstmals erblicke, bin ich dennoch gerührt von der Schönheit unserer Erde.

Kurz vor der Zwischenlandung in Santarem sieht der dichte tropische Regenwald – durchzogen von milchkaffeebraunen Wasseradern – atemberaubend schön aus. Sogar weiße Sandstrände gibt es dort und später erfahren wir, dass diese Gegend, vor allem um den Ort Alter do Chão, auch „Karibik des Amazonas" genannt wird.

Um 15 Uhr erreichen wir die 1,8-Millionen-Stadt Manaus, die plötzlich inmitten der Urwaldmatte aufgetaucht war. Noch im 19. Jahrhundert wurde der Ort das „Paris der Tropen" bezeichnet, und wie zur Bestätigung tummeln sich vor dem Terminal unzählige Schildkröten in einem künstlichen See, mit einer Insel, auf welcher der Eifelturm thront.

Natürlich haben wir keine Idee, wo wir heute schlafen werden, aber Vorhersehbarkeit ist ja sowieso nicht so unser Ding. Vor dem Flughafengebäude quatscht uns ein freundlicher Typ an und empfiehlt ein Hotel in Down Town. Obwohl man laut einhelliger „Reiseführer-Meinung" auf solch ein Angebot auf gar keinen Fall eingehen soll, steigen wir in sein Privatauto und lassen uns in die Innenstadt kutschieren.

Wir landen mit all unseren Wertsachen im wunderschönen „Hotel Colonial Manaus" und bekommen ein geräumiges, günstiges Zimmer mit hohen Decken und eigenem Balkon. Sogar eine gefüllte Minibar gibt es.

In der Lobby wartet noch immer Armstrong (so heißt der Fahrer), weil er uns eine Amazonas-Tour aufschwatzen will. Entgegen aller Skepsis gehen wir in sein Büro um die Ecke und lassen uns beraten. Eigentlich wollen wir sowieso eine Tour machen.

„Lance" macht seinen Job auf Englisch und in niedlichem Deutsch ausgesprochen gut. Somit buchen wir sogleich einen Dreitages-Trip in den Dschungel.

Nach einer erfrischenden Dusche gehen wir in die Innenstadt und finden zu Sylvies großer Freude ein italienisches Restaurant, in welchem Lasagne, mit unglaublich viel Käse überbacken, serviert wird. Danach schlendern wir in eine heruntergekommene Bar auf einen Absacker. Allerdings schließt diese schon um 21 Uhr, weil es in dieser Gegend nachts sehr gefährlich ist (O-Ton des Kellners). Somit landen wir früh auf unserem Balkon mit Blick auf eine verlassene, schwach beleuchtete Straße.

Vor dem Haus gegenüber stellt gerade ein älterer Herr mehrere Tüten Abfall vor die Tür. Nach einiger Zeit läuft eine Gruppe in Lumpen gekleideter Männer die Straße entlang und kippt die Säcke auf der Straße einfach aus. Dann durchsuchen sie das Chaos nach verwertbaren Dingen. Doch damit nicht genug: Kurz darauf kommt die Müllabfuhr angefahren und kehrt alles wieder zusammen, allerdings nicht, ohne vorher selbst noch einmal den Haufen nach nützlichen Dingen zu inspizieren. Eine junge Frau findet dabei gelbgrüne Flip-Flops und zeigt sie freudestrahlend ihrer Kollegin. Szenen aus einer anderen Welt, die wie Sternschnuppen an unseren Herzen vorbeiziehen. Traurigkeit, Scham und Freude in einem Bild.

Manaus wirkt am Sonntag verschlafen, aber den großen Fluss kann man förmlich riechen. Weil wir nichts vorhaben, lassen wir uns einfach treiben. Jede neue Stadt ist auf dieser Reise eine spannende Schatztruhe. Ganz in der Nähe befindet sich der „Mercado Municipal". Der Fischmarkt ist in einer verschnörkelten Eisenkonstruktion von 1882 untergebracht, welche bei Gustave Eiffel in Paris entworfen wurde. Das unter Denkmalschutz stehende Gebäude mit den bunten Glasfenstern sucht in Brasilien sicherlich seinesgleichen.

Im Inneren erleben wir, wie zappelnde Flussfische in allen Größen, Formen und Farben verzweifelt um ihr Leben kämpfen, bevor sie filetiert werden oder lebendig den Besitzer wechseln.

Am Anleger nebenan sehen wir erstmals die großen, hölzernen Dschunken, mit denen wir aus Belem kommend in fünf Tagen hergelangt wären. Sie tragen Namen wie „Coração de Mãe" (Mutterherz) und dutzende Hängematten spannen sich auf bis zu drei Decks dicht neben- und übereinander. Gegenüber werden dickstämmige Bananenstauden, anderes Obst und Gemüse, Holzplanken und gefüllte Leinensäcke auf knatternde LKWs verladen.

Außerhalb des Marktes wirkt die Stadt wie ausgestorben und sogar tagsüber ein wenig gefährlich. Wir streunen durch eine tote Einkaufszone und sterile Straßen mit vergammelten Geschäftsblöcken. Eine Altstadt mit kachelverzierten Kolonialhäusern können wir nirgendwo sichten. Mittlerweile sind es schwülwarme 37 Grad ohne einen spürbaren Windzug. Obwohl wir auf der Fahrt vom Flughafen das große WM-Stadion namens „Arena da Amazônia" gesehen hatten, welches wie ein Ufo im brasilianischen Regenwald wirkt, kann ich mir nicht vorstellen, dass es bei diesen Temperaturen möglich ist, länger als zehn Minuten Fußball zu spielen. Zum Glück spielt Deutschland dort nicht in der Vorrunde, sondern nur unsere Gegner Portugal und die USA. Das wird eine Hitzeschlacht!

Irgendwann gelangen wir an einen weit ausholenden Platz, in dessen Mitte sich das Teatro Amazonas befindet. Das gigantische Operngebäude, welches 1896 eröffnet wurde, ist das imposante Gebäude aus der Zeit des Kautschuk-Booms und mit seiner Mischung aus verschiedenen Baustilen das Wahrzeichen der Stadt. Das runde Kuppeldach ist zudem mit tausenden kleinen Mosaiksteinchen verziert, die in ihrer Gesamtheit die brasilianische Nationalflagge ergeben.

Auf einer Infotafel kann man sogar auf Deutsch die Geschichte des Bauwerkes nachlesen, doch Schönheit muss nicht übersetzt werden. Leider ist der Operntempel heute geschlossen, sodass wir uns schweißtriefend an einem Brunnen erfrischen und danach in ein Café mit Klimaanlage abtauchen.

Am Abend gestaltet sich die Suche nach einem Restaurant schwieriger. Wir ärgern uns, nicht schon heute in den Urwald geschippert zu sein. Manaus ist am Sonntag mausetot. Schließlich landen wir in einem Kilorestaurant (man zahlt nach Gewicht der Speisen), aber das dortige Buffet schmeckt abgestanden und verkocht.

Da uns der Rückweg zum Hotel schon nach wenigen Metern in der Dunkelheit nicht sonderlich behagt, nehmen wir ein Taxi. Dem schwerhörigen Fahrer müssen wir pantomimisch vorspielen, wo wir wohnen. Ein völkerverbindender Spaß!

Auf dem Balkon sitze ich noch lange allein und genieße mit einem Bier in der Hand die liebliche Straßenmusik aus der Ferne und die etwas kühlere Abendluft.

Reinsch heißt

Halb sieben ist die Nacht vorbei, weil wir um 7.30 Uhr zur Dschungeltour abgeholt werden sollen. Um 9 Uhr kommt dann endlich ein verpeilter Typ, der mit uns durch die halbe Stadt düst, um im Hotel Premier einen Typ abzuholen, der auch die Tour gebucht hat. Nur vier Stunden nach dem Aufstehen, also kurz nach 11 Uhr, sind wir endlich auf dem Schiff, welches fußläufig zu unserem Hotel am „Porto Flutuante" – einem schwimmenden Pier – verankert ist. Großer brasilianischer Sport!

Unser Kahn, der versteckt hinter zahlreichen Handelsschiffen und Containern mit der Aufschrift „Hamburg Süd" liegt, würde sicher 30 Leuten Platz bieten, doch lediglich wir, Pablo aus Portugal, Familie Reinsch aus Österreich (die eine Stunde auf uns gewartet hatte), zwei Besatzungsmitglieder und der Kapitän befinden sich an Bord.

„Natürlich bringe ich sogleich den Bart-Simpson-Spruch: „Ist hier jemand der Reinsch heißt?", wobei ich die Pause nach dem Namen so kurz wie möglich lasse, und zur großen Freude antwortet Laila Reinsch ganz unbedarft: „Ja, wir!" Die dunkelhäutige Frau von Wolfgang (gebürtig in Ghana) und ihr Sohn Andreas sehen ein bisschen wie mein Freund Pascal in der Heimat aus. Andi freut sich, dass ich mich freue, und klärt seine Mutter nicht auf, sodass ich den Witz noch zweimal wiederholen kann. Sylvie erzählt den anderen irgendwann von meiner Reinscheiß-Aktion in São Luís. Peinlich, doch wir lachen alle herzlich.

Mein Hämorrhoiden-Problem hat sich leider deutlich verschlimmert. Mittlerweile kann ich kaum noch sitzen, so sehr schmerzen die Gefäßpolster im Hintern, und nach jedem schmerzhaften Stuhlgang ist das Toilettenpapier blutdurchtränkt.

Dass eine Fahrt durch das schwülwarme Amazonasgebiet auf einem Boot, dessen Sitzmöglichkeiten ausschließlich aus Holzplanken bestehen, nicht gerade förderlich ist, muss ich wohl kaum erwähnen. Beim ersten Bier frage ich Wolfgang im Flüsterton, was ich dagegen tun kann. Er grinst, öffnet seinen Rucksack und zieht mit großem Gehabe eine Hämorrhoiden-Salbe hervor. „Die hat man doch ab 40 immer dabei", ruft er, während ich denke: ‚Scheppert, du wirst alt!'

Wir tuckern gemächlich den breiten Strom entlang und erfahren erst jetzt, dass sich Manaus gar nicht am Amazonas, sondern an den Ufern des Rio Negros, eines der drei großen Zuflüsse des zweitlängsten Flusses der Erde, befindet. Doch unser Kutter fährt direkt zum dicken Wasserriesen, der mit all seinen Schwesterflüssen rund 17 % des gesamten Süßwassers der Erde enthält.

Der „Encontro das Aguas" soll weltberühmt sein, weil man hier eine zentimeterscharfe Linie zwischen den milchiggelben Wassern des Flusses Solimoes, wie der Amazonas bis zu dieser Stelle genannt wird, und den schwarzen Fluten des Rio Negros sehen soll. Kilometerlang fließen die Ströme nebeneinanderher und vermischen sich, wegen unterschiedlicher Dichte, Geschwindigkeit und Temperatur, nicht, während sie gleichzeitig danach den Amazonas bilden.
Dieses Phänomen können wir leider nicht beobachten, werden aber später beim Betrachten unserer Fotos Lügen gestraft, weil man die Linie dort sehr deutlich erkennt. Kein Grund, das reale Leben zu verfluchen.

In der Mitte des Flusses, der jetzt nur noch Amazonas heißt, können wir erahnen, wie groß Manaus ist, weil wir schon eine Stunde fahren und noch immer Bretterbuden, die zur Millionenmetropole gehören, das Ufer säumen. Dennoch entspannen wir allmählich und wie zur Belohnung entdecken wir zwei Botas. Die größten Süßwasserdelfine der Welt sind zartrosa und schwimmen direkt am Bug entlang. Es sind die einzigen ihrer Art, die sich auch rückwärts paddelnd fortbewegen können.

Nun biegen wir in einen schmaleren Fluss ein und schippern immer tiefer in die grünste Lunge der Erde. Wir sehen rot-grüne Papageien, einen Tukan mit knallbuntem Schnabel, langbeinige Ibisse und etliche andere Vögel in Bäumen oder am Ufer sitzen. Überall raschelt, kreischt und trällert es. Allerdings staunen wir darüber, bisher noch keine einzige Mücke gesichtet zu haben. Ebenso erfreulich: Mit Wolfgang Reinsch habe ich bereits das zweite Fahrtbier aufgemacht und labere grinsend dämliches Zeug mit ihm.

Noch immer befinden wir uns auf einem kanalartigen Fluss, gesäumt von dichtem Regenwald. Langsam verbreitert sich der Wasserweg wieder und mündet letztendlich in einen See, an dessen gegenüberliegendem Ende wir ein winziges Haus sehen können. Beim Näherkommen wird das Gebäude, welches auf hölzernen Pontons schwimmt, dann doch etwas größer.

Wir befinden uns nun: im Nirgendwo. Um 15 Uhr checken wir in einem rustikalen Zimmer direkt über der Wasserkante ein. Der Raum ist spartanisch eingerichtet, verfügt aber über ein eigenes Klo und eine schmale Duschzelle.

Sofort gibt es Mittagessen, und weil alle anderen Gruppen schon wesentlich länger vor Ort sind, reihen wir uns brav hinten ein. Es sind hier keine armen Schlucker zugegen, wenn sie es von Europa oder aus den USA bis tief in den brasilianischen Regenwald geschafft haben. Doch wie im Pauschalurlaub stürmen vor allem die Franzosen das Buffet regelrecht und so bleiben für uns nur welke Salatblätter, einige Körner Reis und der kümmerliche Rest des grätenreichen Fisches übrig. Es gibt also auch im Paradies ein Hauen und Stechen ums Fressen. Wolfgang wirft mir eine kühle Dose Bier zu. Skol. So leicht macht man mich glücklich!

Unsere Tagestour startet in einem kleinen Boot mit Außenborder. Ein Amerikaner namens Edward komplettiert unsere Truppe. Angelangt an einem ruhenden Gewässer, umgeben von dickstämmigen Bäumen und dichtem Grün, drückt uns Führer Ronny einen Holzstab mit Sehne und Haken sowie kleine Stücken rohen Fleisches in die Hand. Während wir noch dabei sind, die Angel zu studieren, hat der Einheimische schon den ersten Piranha gefangen. Beeindruckt betasten wir die messerscharfen Zähne des kleinen Ungeheuers. Österreich, Portugal, Ghana und die USA sind jetzt heiß, die Deutschen im Angel-Wettkampf zu schlagen. Brasilien läuft außer Konkurrenz.

Andreas nimmt nicht teil. „Ich töte keine Tiere", nuschelt er mit Wiener Dialekt. Vater Reinsch ruft jedoch ununterbrochen: „I werd narrisch", weil bei ihm rein gar nichts beißen will, während wir wenigstens feiern, dass uns das Fleisch vom Haken geknabbert wird. Dann der erste Fang – beide gleichzeitig. Während Sylvie den Fisch gekonnt an Bord zieht und herunterfummelt, bekomme ich den Piranha mit den fiesen Beißern ewig nicht ab und verletze mich am Finger. Als Ronny: „Time is over" ruft, hängen dennoch zwei Zahnfische an meinem Sammel-Stöckchen. Sylvie hat, wie Laila (Ghana), ebenso zwei aufgefädelt.

Wenigstens den US-Amerikaner Edward mit nur einem Killerfisch schlagen wir und Pablo (für Portugal) hat gar keinen gefangen. Für die Fußball-WM könnte das in unserer Gruppe bedeuten: Deutschland – Portugal 2 : 0 (oder 4 : 0, wenn ich Sylvie mitrechne); Deutschland – USA 2 : 1 und Deutschland – Ghana 2 : 2. Das klingt zwar bescheuert, ist aber irgendwie auch vorstellbar.

Sylvie wedelt noch immer aufgeregt mit ihren Piranhas herum und alle hoffen, dass wir soeben nicht unser Abendbrot gefangen haben. Das würde Hungern bedeuten.

Auf der Rückfahrt steuern wir einem blutroten Sonnenuntergang über dem sattgrünen Urwalddickicht entgegen. Recht bald staune ich über meine sonst eher zögerliche Freundin. Wir hatten soeben mehrere fleischfressende Monster geangelt und in die Glubschaugen gefräßiger Kaimane geschaut, doch sie springt – gleich hinter Ronny – in die todbringenden Fluten.

Nein, ich hechte nicht hinterher, denn meine blutenden Hämorrhoiden lassen mich befürchten, dass mir innerhalb von zehn Sekunden die Beine weggefressen werden – vom Arsch abwärts. Der Fluss ist hier zwar so breit wie ein See und in fließenden Gewässern sollen sich Piranhas eher ungern aufhalten, aber wer weiß das schon? Sylvie kommt vollständig wieder an Bord.

Das endgültige Abtauchen der Sonne ist unfassbar spektakulär. Solch einen von Göttern geschmiedeten Himmel, der sich zudem 1 : 1 auf der Wasseroberfläche spiegelt, habe ich noch nie zuvor gesehen.

Zurück auf dem Mutterschiff geht es zum Abendessen in zirpender Urwaldfinsternis mit Froschkonzert. Neben Piracuru und Tambaqui (beides Fisch), schwarzen Bohnen,

Maniok und Reis gibt es teures Bier, welches wir dennoch in größeren Chargen ordern. Besonders Wolfgang hat Durst nach der erfolglosen Angeltour.

Mitten in der Nacht schubst uns Ronny wieder ins Beiboot. Auf den Nachtausflug hätte ich gerne verzichtet, denn die Fahrt ist ätzend. Nach einer Stunde auf den schmalen Holzbrettern schmerzt mein Hintern mordsmäßig. Ein Mann (der Reinsch heißt) drückt Sylvie, Pablo, Edward und mir eine geschmuggelte Skol-Dose in die Hand. Als wir in die Tiefenschwärze der Lagunenwelt eintauchen, wundern wir uns, dass man auch dort von Moskitos verschont bleibt.

Ronny sucht mit einer Taschenlampe im Sumpf nach Alligatorenaugen. Zwar blinken sie einige Male hell auf – er bekommt jedoch keines der Viecher zu fassen. Nachdem wir schon fast wieder umkehren wollen, greift er ein letztes Mal in die sumpfige Brühe und holt tatsächlich einen kleinen Kaiman an Bord.

Ich habe noch nie einen Alligator in den Händen gehalten und will ihn, genau wie Sylvie, berühren. Die Angelsieger taufen den schuppigen Kerl auf den Namen Lukas Podolski. Der Amazonas-Kölner wird ordentlich herumgereicht, bevor Ronny ihn auf Nimmerwiedersehen zurück in den wasserreichsten Strom der Erde entlässt.

Auf dem Rückweg beschließt unser Führer, unplanmäßig an Land zu gehen. Mitten im Urwald stehen wir plötzlich vor einer schummrigen, hölzernen Bar. Ronny will augenscheinlich Dope erwerben. Uns verkaufen sie eiskalte Biere zum fairen Preis und die Frauen genehmigen sich eine Batida mit Früchten. Wir spielen mitten im brasilianischen Nirgendwo Billard und lernen uns so noch besser kennen.

Plötzlich fällt mir etwas auf den Kopf. Als ich sehe, was es ist, muss ich schmunzeln, weil ich überlege, wie Sylvie reagiert hätte, wenn ihr dieser kantige Käfer auf den Schädel geklatscht wäre. Wir knipsen ihn auf dem Boden liegend neben meiner Zigarettenschachtel. Das schwarze Insekt ist länger! Weit nach Mitternacht erreichen wir das Hausboot und gehen glücklich in unsere Kajüte. Den Sonnenaufgangs-Trip haben wir vorsorglich abgesagt.

Nach einem Frühstück mit frischem Dschungelobst geht es wieder los. Die Fahrt ist erneut lang und das Klima schwül, sodass wir uns freuen, im Regenwald unter schattige Bäume abtauchen zu können. Eine botanische Führung steht auf dem Programm. Ronny, der heute sehr lustig ist (gutes Dope?), hetzt uns nicht durchs fette Grün, sondern nimmt Rücksicht auf die Temperaturen und unsere Füße.

Über drei Stunden trekken wir durch die faszinierende Welt Amazoniens und sind wieder einmal überrascht, welch ungewöhnliche Pflanzen, Vögel, Säugetiere und Insekten auf unserem Planeten existieren. Hier sind sie vor allem eines: groß!

Doch der Regenwald spendet den Bewohnern nicht nur Nahrung. In einigen Hölzern verstecken sich literweise Trinkwasser, aus einer Pflanze wird ein tödliches Pfeilgift gewonnen, eine andere ist Heilmittel und die nächste als Kosmetik in der Luxuswelt in unseren Gefilden begehrt.

Kautschuk, Öle und Harze fließen wie Honig von Bäumen und einige Stoffe lassen sich äußerst leicht entzünden. Etliche Schlingpflanzen dienen als Hollywoodschaukel oder Hängematte. Der komplette Wald ist zudem von einem köstlichen Duft erfüllt. Was für ein sagenhaftes Biotop!

Eigentlich finde ich es daher eher unpassend, dass uns

Einheimische – in ihrer „originalen" Holzhütte im Indianer-
dorf – eiskaltes Bier anbieten. Manchmal bemerkt man eben
erst spät, wie weit die Zivilisation, und damit auch wir, mit
unseren fetten weißen Ärschen, in die letzten unberührten
Lebensräume dieser Erde vorgedrungen sind. Wolfgang
pfeift als erster auf das schlechte Gewissen, weil es ihn am
Leben hindert, und öffnet eine Dose mit lautem Zischen. Die
Indianer, die, wahrscheinlich nur für uns Touristen, dicke
Ringe aus Knochen und Zähnen in Ohren und Nasen tragen,
freuen sich. Ihre Musik stimmt mich fröhlich, weshalb ich
meine edlen Gedanken irgendwann über Bord werfe und
auch ein Cerveja schlürfe.

Um 15 Uhr verabschieden wir uns von Pablo, Edward, Ronny
und den Reinschs – von neuen Freunden namens Andreas,
Laila und Wolfgang. Wir sind ein bisschen neidisch auf die
Österreicher, weil sie noch einen Tag länger auf dem Hausboot verweilen dürfen. Der große Fluss und das Flair drum
herum waren so inspirierend, dass auch wir gerne geblieben wären. Auf einem großen Kahn schippern wir zurück
nach Manaus, steigen erneut im „Colonial" ab und gehen um
die Ecke in ein Restaurant. Der blasse Kellner sagt uns diesmal schon um 20 Uhr, dass er jetzt schließt, da es nun viel zu
gefährlich wird. Back in town!

Zum Abschluss des Brasilientrips haben wir Inlandsflüge
nach Salvador gebucht, um unseren Rückflug nach Deutschland zu erreichen. Wir landen pünktlich und für schmales
Geld fahren wir per Taxi an einen in der Nähe gelegenen
Strand.

Wie zwei vom Glück Verfolgte wollen wir unsere letzten
Stunden in Brasilien am Strand namens Praia do Flamengo
in der Nähe des Flughafens verbringen.

In diesem Land haben wir so viel Lebensfreude, Herzenswärme und Intensität erlebt, dass auch Sylvie zur WM in einigen Monaten definitiv wiederkommen möchte!

TEIL 2 – Die Vorrunde

Es geht los

Landung um 8 Uhr in Lissabon. Zusammen mit Sylvie, Danny, Jenna und Erni haben wir dort einen Zwischenstopp bis 13 Uhr. Die Frauen wollen noch „gemütlich", also nicht im Flughafen, frühstücken, weshalb wir mit der U-Bahn in die Altstadt rasen, bevor es zurück zum Terminal geht. Als ich auf einen der Bildschirme starre, falle ich fast in Ohnmacht. Unser Flug hat Lissabon bereits um 10.40 Uhr in Richtung Recife verlassen. Mir wird kotzübel und auch Jenna läuft kreideweiß an. ‚Scheiße, haben wir gerade unsere Brasilien-Maschine verpasst?', denke ich. Die Mädels grinsen. Ich würde ihnen am liebsten eine reinzimmern. „Euer beschissenes Frühstück!", schimpfe ich. Erni starrt mich verwundert an. Er versteht nur Bahnhof.

Am Flugsteig herrscht heilloses Durcheinander. Auch anderen Reisenden steht die Panik ins Gesicht geschrieben. Erst nach zwei quälenden Stunden stellt sich heraus, dass dies der verspätete Flieger vom Vortag gewesen war. Wir müssen nun eine Nacht auf die Ersatz-Maschine warten.

Busse bringen die Passagiere in ein Marriott-Hotel. Unser Gepäck ist bereits durchgecheckt, weshalb wir im Schlüpfer, zusammen mit etlichen Deutschland-Fans und einer Frau, die wie Laura Wontorra aussieht, in die blauen Fluten hechten. Danny besorgt derweil bezahlbares Bier in einer Plattenbausiedlung. „Schmeckt besser als das Frühstück!", rufe ich und kann nun auch wieder lachen.

Um 4 Uhr morgens werden wir zum Flughafen gekarrt und um 7 Uhr startet, unter lautem Jubel, endlich die Maschine ins Land von Pelé und Neymar.

Um 10 Uhr ist das Bier und um 12 Uhr ist der Wein an Bord alle!

Anders als geplant, erreichen wir Recife nun gegen Mittag (statt in der Nacht), und weil der Fahrer – mit meinem Namensschild – auf uns so lange gewartet hat, lassen wir uns, wie verabredet, nach Olinda chauffieren, obwohl wir tagsüber auch mit dem Bus für ein Viertel des Preises hingelangt wären.

In Salvador da Bahia findet morgen das erste Gruppenspiel der Deutschen gegen Portugal statt, doch wir haben dafür keine Karten in der Verlosung bekommen. Eigentlich wollte ich mit den Jungs spontan rüberfahren und vor dem Stadion nach Tickets Ausschau halten. Doch dafür fehlt uns jetzt die Zeit. Zwei Inlandsflüge sind ausgebucht und eine Anreise mit dem „Schnellbus" dauert mindestens 14 Stunden. Egal, wir werden ja bei der zweiten Partie unseres Landes gegen Ghana live vor Ort sein, wenn bei der Kartenabholung alles funktioniert.

Da Sylvie und ich die „Auskenner" sind, schlafen wir nicht in Recife, obwohl der Ort heute überhaupt keinen gefährlichen Eindruck macht. Die in der Sonne funkelnde Stadt hat sich herausgeputzt. Ein grün-gelbes Girlanden-Meer erstreckt sich bis zum Horizont. Brasilien ist im Fußballfieber. Ein Traum wird wahr – auch ohne Zuckerhut!

Doch in Olinda, dem idyllischen Weltkulturerbe-Ort, scheint auch während der Fußball-WM der Hund begraben zu sein. Alle Kopfsteinpflasterstraßen entlang der pastellfarbenen Kolonialhäuser sind zwar reich geschmückt, aber fast menschenleer.

In der Pousada reichen meine ersten Worte, um die Herzen der Angestellten zu erobern. „Cinco Cerveja, por favor"

(Fünf Bier, bitte!) und „Cinco mais" (noch fünf).

Im Pool beginnen wir uns augenblicklich so wohlzufühlen, dass es unmöglich ist, sich daran zu erinnern, wie beschwerlich die Anreise gewesen war. Unsere Frauen sind auf Caipirinha umgestiegen und strahlen süß.

Wenig später schlendern wir durch die verträumte Stadt mit den portugiesischen Kacheln an den Häuserwänden und treffen an einem Kiosk zwei Einheimische, die uns sogleich mit Kaltgetränken und Garnelen versorgen. Sie gehören eher zu den Ärmeren des Landes, dennoch sieht man, wie stolz sie sind, uns während der WM in ihrer Heimat bewirten zu können.

Der Anreisetag endet mit einem Abendmahl am Marktplatz. Nun ist auch Olinda in Partylaune. Auf der einen Seite schauen die Leute gebannt auf einer Großbildleinwand das Spiel des Erzfeindes Argentinien, auf der anderen Seite heizt eine Band mit Forro-Rhythmen ein. Und in den Palmen dazwischen ertönt Grillen-Gezirpe. Ein irrer Sound. Messi trifft. ‚O, linda!' (wie schön) denke ich. Die Einheimischen fluchen mit Eisfach-Visagen, um schon im nächsten Moment wieder das Tanzbein zu schwingen.

Am Morgen bin ich aufgeregt wie ein Kleinkind vor Heiligabend. Während wir auf den Bus warten, hole ich eine Runde „Cerveja Skol" zum Runterkommen an einem gelben Kiosk. Heute findet – nachdem nun schon fast alle Teams gezeigt haben, was sie so draufhaben – unser erstes Gruppenspiel gegen Portugal statt. Das Warten von einer Fußball-WM bis zur nächsten ist endlich vorbei.

Wir wollen das Match auf dem „FIFA-Fan-Fest" schauen, doch zunächst müssen wir noch die uns zugelosten WM-Tickets in einem Shoppingcenter abholen.

Im Hotel wurde behauptet, Bus Nr. 214 bringt uns dorthin. Der Witz: alle vorbei rauschenden Schrottkarren haben gar keine Nummern, sondern zeigen lediglich ihre Zielorte an. Außerdem muss man sie, falls es der richtige ist, mit lautem Schreien oder einem gezielten Sprung vor die Frontscheibe anhalten. Eine ältere Frau erklärt uns, dass wir den „Neves-Bus" nehmen müssen. Nach nur 50 falschen Wagen rennt sie plötzlich wild gestikulierend los, hechtet auf den Asphalt und schiebt uns dann freudestrahlend durch die enge Fahrgasttür.

Erst im Bus fällt mir auf, wie cool Erni aussieht. Er hat sich das weiße WM-Trikot von 1974 und eine schwarze, sehr kurze Hose gekauft. Die Mädels machen sich darüber lustig, weil sie solche Shorts das letzte Mal beim Turnunterricht in der 8. Klasse gesehen haben. Auch seine Adiletten finden sie todeskomisch.

Jenna und ich tragen hingegen ganz gediegen die aktuellen schwarz-rot gestreiften Deutschland-Auswärtstrikots, weswegen uns zwei Kids sogleich „Flamengo!" zurufen und mit Händen und Füßen erklären, dass dies ihr Lieblingsverein in Brasilien ist. Nur Danny und Sylvie müssen wir noch einkleiden!

Wir sind spät dran, doch der Fahrer rast wie ein Henker und lässt das Gefährt in „Colt-Seavers-Manier" über diverse Buckel regelrecht abheben. Besonders in Kurven und bei der Fahrt über eine schwindelerregend hohe und mächtig geschwungene Brücke kotze ich fast.

Kurz vor 11 Uhr erreichen wir endlich das „Shoppi". Hinter uns erhebt sich nun ein bedrohlich wirkendes Hochhausmeer aus Beton und Glas. Das Einkaufsparadies ist weitläufig und verkauft Luxusartikel in einer Gegend, die eher ärmlich wirkt. Bis wir uns durchgefragt haben, dauert es, doch dann begleiten uns sogar zwei Uniformierte auf Segways in den heiligen Bereich.

Ich schwitze aufgrund der fortgeschrittenen Zeit. Eine Frau mit ultratiefem Ausschnitt erklärt mir minutenlang weit vorgebeugt, wie ich meine VISA-Karte in den Automaten zu schieben habe. Zehn Minuten später halte ich WM-Tickets für das Match gegen Ghana in den Händen, auf denen tatsächlich unsere Namen stehen. Es ist der erste magische Moment dieser Reise.

Nach zwei Fotos vor einem menschengroßen Gürteltier-Maskottchen rennen Sylvie und Danny plötzlich los, weil sie noch shoppen wollen. Ich sprinte hinterher und bin kurz davor, einen Herzkasper zu bekommen. Es sind jetzt nur noch 40 Minuten bis zum Anpfiff des Portugal-Spiels. Vier lange Jahre habe ich darauf gewartet!

Beim ersten richtigen Streit der Reise gehe ich als Punktsieger hervor, denn sie folgen mir leicht angekotzt zum Ausgang.

Leider, so warnt das Personal, befinden wir uns in einer gefährlichen Ecke, sodass sie uns raten, mit dem Bus zum Flughafen und von dort aus mit der Metro ins Altstadtviertel zu fahren. Was für ein Umweg, aber nach der letzten Diskussion möchte ich unsere sparsam lächelnden Frauen nicht auch noch überfallen lassen. Außerdem hat Danny die WM-Tickets in der Tasche! Das Mädchen ist wertvoll.

Als wir die „Estação Central" erreichen, ist es bereits 12.50 Uhr. Ich sprinte zu einem Taxifahrer, wedele mit Geldscheinen und überzeuge ihn, auch mit fünf Fahrgästen augenblicklich nach „Recife Antigo" loszurasen. Punkt 13 Uhr laufen wir durch ein geschmücktes Tor und hören die deutsche Nationalhymne, die gerade vom Team auf der Leinwand mitintoniert wird. Geschafft – die WM 2014 beginnt!

In der Altstadt wollen nur etwa 400 Leute das Spiel sehen – zu meinem Erstaunen sind etwa 200 Deutsche und nur wenige Portugiesen anwesend. Ich hatte gedacht, dass die ehemaligen Kolonialherren mehr Fans motivieren können. Vorteil an der geringen Besucherzahl: Leicht unterhopft, werden wir augenblicklich mit eiskaltem Cerveja versorgt, was gleichzeitig bedeutet, sie verkaufen alkoholhaltiges Bier!

Nachteil: 32 Grad, kein einziges Schattenplätzchen und nach 12 Minuten ist das erste Getränk verschüttet, denn Müller trifft zum 1 : 0. Auch beim zweiten Brahma landen durch Hummels' Treffer etliche goldene Tropfen auf dem heißen Asphalt.

Das dritte Tor wird kurz vor der Pause wieder wegen Müller in den brasilianischen Himmel gejubelt. Was ist denn hier bitte schön los? Wir tanzen, singen und schwingen Fahnen mit unseren Landsleuten. Abkühlen! Im Gebäude neben der Leinwand gibt es ein Eisgeschäft und eine Eisbahn zum Schlittschuhlaufen!

Draußen, im Backofen von Recife, erhöht der unglaubliche Thomas Müller in der 78. Minute zum unfassbaren 4:0. Mein Herz brennt und in Leidenschaft bricht um mich herum fast alles zusammen. Ich würde vieles dafür geben, dieses herausgeplatzte Gefühl auf dieser Reise nie wieder zu verlieren. Jegliche Zweifel, dass Deutschland schon in der Vorrunde scheitern könnte, sind innerhalb von 90 Minuten verflogen. So werden wir sicherlich sehr weit kommen. Halbfinale? Finale? Titel?

Unsterblichkeit

Abertausende tosende Wellen ersticken den Wind und eine urwüchsige Brandung übertönt jedes andere Geräusch, obwohl all meine Freunde zu juchzen scheinen.

Seit zwanzig Minuten kämpfen wir mit den Wassergebirgen, stürzen uns, sobald ein neuer Brecher heranrollt, auf seinen Kamm und rasen auf ihm mit aller Gewalt in Richtung Strand. Ich habe ein gutes Timing für den Absprungmoment auf die weiße Schaumkrone und würde die interne Bodysurf-WM wahrscheinlich gewinnen.

Oftmals zische ich fast bis zur Uferkante, um mich mit aufgeschürften Knien sofort wieder knapp sechzig Meter in die aufgewühlte See zu stürzen. Plötzlich sehe ich Danny, die als einzige draußen geblieben ist, hektisch am Strand winken. Sie möchte uns etwas zurufen und deutet mit dem Zeigefinger aufgeregt in Richtung der sich vor uns auftürmenden Brecher.

Ich habe keine Ahnung, was sie will, denn wir sind im brusttiefen Wasser nicht in Gefahr und auch ein Tsunami rollt gerade nicht in Richtung Küste. Sylvie, Jenna und Erni bemerken das wild gestikulierende Rumpelstilzchen erst gar nicht. Doch weil sie mit ihrem Gezappel gar nicht mehr aufhört, lasse ich mich im Weißwasser an die Küste fluten und auch Sylvie, Erni und Jenna waten alsbald an Land.

Danny kommt uns entgegen und brüllt: „Habt ihr denn die Delfine nicht gesehen?" „Welche, was?", nuschelt Erni. „Mensch! Delfine, die direkt hinter euch in die Höhe gesprungen sind!", ruft sie entsetzt ob unserer Blödheit.

Und richtig, als wir einen kleinen Hügel erklommen haben, sehen wir unzählige Finnen der grazilen Wesen unmittelbar hinter der ersten sich brechenden Welle aus dem

Wasser ragen. Dann hebt einer ab. „Wow!", stottern wir im Chor, da zwei von ihnen dabei fast schon akrobatische Figuren vollführen.

Wir befinden uns an der Baia dos Golfinhos und hätten soeben die magischen Tiere der Meere fast berühren können. Als ich das allmählich realisiere, ist Danny längst in Richtung Pazifik gestürzt und auch Sylvie und die Jungs folgen ihr im Laufschritt. Nur ich setze mich in den warmen Pulversand und sinniere.

Dies ist meine zehnte Reise nach Lateinamerika. Anfangs war ich oftmals ohne Sinn und Verstand durch all die exotischen Länder getingelt und hatte nie hinterfragt, warum ich das eigentlich tat. Doch mittlerweile kann ich das Augenblicksglück einfangen, weiß um meine Sterblichkeit und genieße Momente, die es nur im Hier und Jetzt gibt. Das ist so einer!

Ich schaue Danny und Erni hinterher, die im Gegensatz zu Sylvie und Jenna schon die letzte Welle bezwungen haben. In Zeitlupe sehe ich sie im delfinverseuchten Wasser als Punkt am Wellenhorizont verschwinden. Sie spüren dabei sicher gerade die kribbelnde Freiheit zwischen ihren Fingern. Gebannt beobachte ich das Schauspiel.

Die beiden sind zum ersten Mal in Südamerika und seit unserer Ankunft beneide ich sie darum, dass sie viele Gefühle auf diesem Kontinent gerade zum ersten Mal in ihrem Leben verspüren. Ich bin schon mit Delfinen geschwommen, habe ihre elastische Haut befühlt und danach fast geflennt. Mit leuchtenden Augen reisen die „Neuen" seit Tagen mit uns durch Brasilien.

Danny, die in der Heimat kaum mit Fremden redet und wegen Virusgefahr in der S-Bahn nichts anfasst, gibt sich besonders volksnah und berührt jede ihr unbekannte subtropische Pflanze, Koralle und jedes Insekt mit einer ansteckenden Neugier. Und Erni, der niedlich sächselnde Sachsen-Anhalter, findet sowieso alles „dibbdobb" (tipptopp).

Ich würde vieles dafür geben, bestimmte Gefühle auch noch einmal, „zum ersten Mal", so intensiv zu spüren. Eine Sehnsucht, so groß wie der Atlantik!

Sylvie winkt mir lächelnd zu. Ich stehe auf und schwimme meiner Freundin und den Flippern entgegen. In diesem Augenblick ahne ich: So glücklich werde ich nie mehr im Leben – kurz vor einem WM-Spiel mit eigener Eintrittskarte – sein. Niemals!

Wir sind in Praia de Pipa gestrandet. Das ehemalige Geheimtipp-Dörfchen an der brasilianischen Ostküste, welches sich an vertikale Klippen mit dahinter liegendem atlantischem Regenwald und die vielleicht schönsten Strände des Landes schmiegt, beherbergt in seinen unzähligen Pousadas zurzeit fast ausschließlich Fußballfans aus aller Welt. Das sonst so hippe Örtchen ist dem WM-Fieber erlegen, weil es zu den Spielorten nach Recife, Natal und Fortaleza – in südamerikanischen Maßstäben – nur ein Katzensprung ist.

Wir waren drei Stunden zu sechst in einem Kleinwagen durch endlose Zuckerrohrplantagen gefahren. Mit der Pousada Tartaruga (Schildkröten-Pension) hatten wir nicht nur eine Traumunterkunft gefunden, sondern auch den Beweis erbracht, dass es während der WM 2014 möglich ist, gut und günstig zu übernachten, ohne etwas vorgebucht zu haben. Das macht im Hinblick auf die nächsten Wochen Hoffnung. Der Wohlfühlpool inmitten von acht Bungalows gehört uns fast allein und kleine Weißbüscheläffchen beobachten uns beim Frühstück aus dem Geäst.

Jeden Nachmittag treffen sich die verschiedenen Länder-fraktionen zu „ihrem" Spiel und besonders bei den Knaller-Partien wie Brasilien gegen Mexiko, Spanien gegen Chile oder Uruguay gegen England explodieren die Kneipen entlang der sandigen Wege regelrecht. Trotz unerwarteter Niederlagen des einen oder anderen Favoriten geht es in Pipa harmonisch zu. Alle scheinen eine relaxte Zeit im tropischen Paradies verbringen zu wollen und selbst die krebsroten Briten kloppen niemandem auf den Kopf nach ihrem Ausscheiden nach nur zwei Spielen.

Das Brasilien-Match gewinnt – in Fangesängen gemessen – sogar Mexiko. Die Tequila-Fraktion geht emotional durch die Decke! Mit Sombreros auf dem Kopf und verrückten Boxer-Masken schreien und singen sie fast ununterbrochen. Es hilft, denn ihr Team holt ein erstaunliches 0 : 0 gegen die uninspirierten Gastgeber.

Selbst die US-Boys treten geschlossen herzlich auf. Soccer ist in den USA traditionell eher ein Spiel der Loser, aber eben auch eines für Andersartige. Fast alle Typen sind schwerstens tätowiert, tragen Rastas, Iros, oder lange Mähnen und zerzauste Bärte. Ein wilder Haufen! Zwei Brüder aus dem für mich unaussprechlichen Massachusetts lernen wir näher kennen und verbringen mit ihnen einen lustigen Abend in einem Rodizio, wo sie köstliches Fleisch am Spieß servieren. Nur Jenna entscheidet sich für Buchade de Bobe, was sich als ein mit Innereien gefüllter Ziegenmagen herausstellt. Guten Appetit!

Obwohl Deutschland im hiesigen Zeitfenster gar nicht spielt, strecken uns alle im Ort die Daumen entgegen, sobald sie erfahren, dass dies unser Heimatland ist. Der glorreiche Sieg gegen Portugal hat Eindruck geschunden. „Muito bom". So kann es weitergehen!

Auch an den Stränden, mit solch klangvollen Namen wie Baia dos Golfinhos, Praia do Madeiro oder Praia do Amor, liegen überall Leute aus den Teilnehmerländern der Fußball-WM herum. Sie sind immer gut zuzuordnen, weil fast jeder – trotz dreißig Grad im Schatten – voller Stolz das Trikot seines Teams spazieren trägt. Nur die dunkelhäutigen Brasilianer und rothäutigen Engländer zeigen durchtrainierte Bäuche oder dicke Wampen. Allerdings hat kaum jemand Frauen dabei – auch die anderen Deutschen nicht. Wir sind da eher die Ausnahme und Danny und Sylvie genießen die Pfiffe und Blicke der Typen mit einem WM-Lächeln.

Wir machen einen Fehler: Statt noch einmal den Hügel mit Panoramablick auf die Delfinbucht zu erklimmen und vor dem Riff mit unseren Freunden im lärmenden Geschnatter um die Wette zu surfen, laufen wir rechterhand an eine andere Bucht von Pipa. Dort wehen rote Fahnen vor blauschwarzen Wellenmonstern und niemand ist im Meer. Erni, dessen Mansfelder Dialekt oftmals ein bisschen einfältig klingt, wobei er vermutlich der Intelligenteste unserer Truppe ist, ruft: „Also ich geh jetzt rinn in die Brühe". Niemand hindert ihn daran.

Wir bestellen jeder ein großes auf 5 Grad heruntergekühltes Brahma und vertiefen uns in die, von mir geliebten, „Dämlich-Laber-Gespräche". Nach zehn Minuten sehe ich jemanden im Ozean aufgeregt mit den Armen wedeln. Das Problem: Jeder würde sein Winken wahrscheinlich als

Freude oder Euphorie deuten, doch ich sehe auch aus der Ferne seine stark geweiteten Augen. Diese Unfassbarkeit hatte ich selbst schon einmal erlebt – mein Freund ist in Todespanik.

Ich springe auf, renne zu ein paar Typen, die gelangweilt mit ihren Surfbrettern im Sand liegen und schreie sie in einem Sprachen-Wirrwarr an. Ich habe Glück, denn einem der Jungs ist sofort klar, was da draußen geschieht. Er spurtet mit dem schmalen Brett unter dem Arm in die schäumende See.

Alle sehen, wie der sportliche Typ schon mit den ersten Wellen zu kämpfen hat, um sich Erni auch nur ansatzweise zu nähern. Er riskiert gerade sein eigenes Leben, um einen Fremden vor dem Ertrinken zu retten. Plötzlich taucht ein weiterer Retter – fast aus dem Nichts – auf und versucht ebenso in Richtung meines Freundes zu paddeln. Er trägt ein gelbrotes Shirt – es ist ein Rettungsschwimmer.

Wenige Minuten später haben sie den noch immer nach Luft schnappenden Erni an Land gezogen. Mittlerweile sind auch wir um ihn herum versammelt. Der Lifeguard fragt in gutem Englisch, mit brasilianischer Gelassenheit, ob unser Freund total bescheuert sei. Erst gestern sei ein Argentinier genau an dieser Stelle ersoffen. Erni, der das nicht hört, rö- chelt: „Alles dibbdobb!"

Danach hat sich die Gruppenkonstellation geändert. Während der fast Ertrunkene mit Sylvie zurück zur Pousada läuft, machen Danny und Jenna einen Spaziergang am Strand. Nur ich bin geblieben, blicke hinaus aufs Meer und spüre meine Endlichkeit. Die Gedanken spielen verrückt: ‚Wie krass ist das denn? Beinahe wäre diese Reise von heute auf morgen beendet gewesen. Und der arme Typ aus Argentinien. Nicht nur, dass seine Familie um ihn weint, er fährt vermutlich zur ersten Fußball-WM seines Lebens und stirbt dann.'

Ich habe mich nach dem Abtritt meines Vaters mittlerweile mit dem Tod arrangiert, da wir uns alle mal verabschieden müssen. Doch in diesem Augenblick wird mir noch einmal in aller Deutlichkeit vor Augen geführt, wie einschneidend und nahezu unglaublich unsere Sterblichkeit ist. Wir sollten besser auf uns aufpassen, denn das Leben birgt gerade jetzt eine große Verpflichtung: Wir müssen diesen Scheiß-Pokal nach 24 langen Jahren endlich wieder einsacken!

Das Vorspiel

Nicht nur durch die Samba-Bar schlängelt sich nun eine gigantische Polonaise, angeführt von Erni. Fast alle Gäste haben sich – gegenseitig an die Schultern fassend – angeschlossen und steigen gerade kreischend über Tische und Stühle, bevor uns mein Freund nach draußen unter den 5-Sterne-Deluxehimmel leitet. In brasilianisch-deutscher Leidenschaft bricht der Laden gerade fast zusammen und ich ahne schon jetzt, dass ich mich ewig an diesen Abend erinnern werde. Erni brüllt mir von vorne zu: „Das is ma 'ne rischdsche Bolonäse."

Plötzlich erwache ich aus einem Traum, der im Juli 1990 begann, und stelle fest, dass ich mich im Juni 2014 in der Wirklichkeit befinde. Ich habe so ein krasses Gefühl von früher und gleichzeitig eines der unbändigen Augenblicksfreude. Allein für diesen magischen Moment haben sich diese Nacht, die Reise und das Leben gelohnt!

In Fortaleza hat sich einiges verändert. Wahrscheinlich nur WM-Fassade, doch ein Unterschied zwischen arm und reich, hell- und dunkelhäutig, gefährlich und sicher ist im Zentrum nicht mehr auf den ersten Blick erkennbar.

Es gibt weniger Dreck, keine offenen Abwasserkanäle, wirr verzweigte Stromkabel oder verlumpte Kids in dreckigen Shirts und verbeulten Sandalen. Die Innenstadt ist radikal touristenfreundlich gesäubert worden. Alle Menschen, die wir am Vortag des Deutschland-Spiels treffen, ob jung oder alt, Brasilianer, Schweizer, Franzosen oder Ghanaer, tragen ein eingemeißeltes Lächeln im Gesicht. Sogar die Polizisten sind äußerst zuvorkommend. Plötzlich heile Welt?

Wir wohnen unweit der Honiglippenbucht in Iracema. Danny hatte das Hotel schon in Deutschland gebucht. „Obrigado!", denn nur zwei Straßen weiter wurde das Fan-Fest mit zwei Mega-Leinwänden inmitten des Stadtstrandes in Fortaleza errichtet. Die Stimmung ist ausgelassen, geradezu euphorisch, und obwohl die Tische und Stühle der Restaurants den Ständen der FIFA-Sponsoren weichen mussten, beschweren wir uns nicht, weil das gereichte Brahma eiskalt und bezahlbar ist. Außerdem sind die knallroten Hartplastik-Becher ein gutes Souvenir. Auf ihnen ist das bunte WM-Logo und der Slogan: „Fan Fest Fortaleza – Jagandas de Mucuripe" aufgedruckt. Wir kaufen einen turmhohen Stapel Souvenirs.

Die heutige Nachmittagspartie zwischen Frankreich und der Schweiz ist die bisher torreichste der Weltmeisterschaft 2014, was die multikulturelle Feierstimmung zusätzlich anheizt. Sogar Jenna genehmigt sich ein Bier pro Tor, obwohl er, wie ich, die heutigen Gewinner eigentlich nicht leiden kann. Nach sieben Stück (das Spiel endet 5 : 2) tanzen 20 Gockel mit 30 Eidgenossen zu brasilianischem Ska im Sand. Sie greifen sich dabei gegenseitig an die Schultern und bilden einen Kreis.

In dessen Mitte drehen drei Typen aus Costa Rica komplett frei, weil sie im Mittags-Spiel die Italiener sensationell mit 1 : 0 besiegt hatten. Die Mittelamerikaner stecken alle mit ihrer Orgie aus purer Lebensfreude an.

Erni brüllt mir ins Ohr: „Das is aber geene rischdsche Bolonäse!" Nein, wohl keine Polonaise-Blankenese, aber ich begeistere mich dafür, wie friedlich die Nationen hier miteinander feiern. „Morgen ist ja auch noch ein Tag, meiner", rufe ich.

Passend dazu sehen wir auf der Promenade nun auch deutsche Fans, die Fortaleza allmählich entern, und zwei schüchterne Ghanaer. Einen von ihnen überrede ich zu einem gemeinsamen Foto. Ich, noch immer leichenblass, und der große (schwarze) Mann erschaffen – Arm in Arm – für 30 Sekunden ein Harmoniegemälde menschlicher Hautfarben. Fast alle Leute, die vorbeischlendern, erheben den Daumen und lächeln verzückt. Es sind offensichtlich keine Rassisten, Nazis, rechte Hools oder sonstige Vollidioten nach Fortaleza gekommen – und so kann es auch bleiben!

Kurz danach nehme ich Danny zur Seite und flüsterte ihr ins Ohr: „So kannst du aber morgen nicht bei dem Spiel herumlaufen." Sie trägt neutrale Klamotten und ist die Einzige, die kein Deutschland-Trikot im Gepäck hat. Die Antwort überrascht mich: „Okay, lass uns dort vorne mal schauen." Im FIFA-Fanshop kauft sie – mangels Alternativen – das vermutlich teuerste Nicht-Original-Trikot der Welt.

Es ist ein schwarz-weißes, kurzärmliches Hemdchen, wo mit einer Art Stempel liederlich die deutsche Flagge auf Brusthöhe aufgedruckt wurde. Das hässliche Ding kostet 75 Dollar! Vielleicht kauft sie es nur mir zuliebe. Wenn dem so ist, werde ich sie dafür ein Leben lang in Dankbarkeit umarmen.

Danny kenne ich schon so lange wie Sylvie und Jenna, bin aber in den letzten Jahren nicht mehr richtig warm mit ihr geworden. Doch seit wir in Berlin den WM-Flieger bestiegen haben, ist sie wieder das zauberhaft offene und jugendlich wirkende Mädchen, in das ich mich fast mal verknallt habe.

Das Abendspiel von Honduras gegen Ecuador (2 : 1) ist nicht so der Brüller, weil keine Supporter aus diesen Ländern im lauwarmen Sand durchdrehen. Wir gehen in ein Restaurant und Erni murmelt in sein Essen: „Das sind aber geene Spaghetti Bolonäse!" Nein, es ist eine Art Risotto mit Bohnen und ein mit Käse überbackenes recht trockenes Fleisch mit Maniokpüree. Wir lachen schon wieder Tränen.

Nach zwei dickbäuchigen Caipirinhas gehen wir zu Bett. Die lange Anreise aus Pipa hat doch mehr geschlaucht, als wir uns das lange eingestehen wollten.

Obwohl Erni schnarcht – er wird auf der Reise abwechselnd auf die Zimmer der Paare verteilt –, schlafe ich traumlos und gut. Am Morgen schlottern mir dennoch die Knie. Ich werde heute mein allererstes WM-Spiel live im Stadion verfolgen und am liebsten wäre ich jetzt, sechs Stunden vor Anpfiff, allein.

Das funktioniert sogar fast, weil Erni Geld ziehen muss und die Mädels Ansichtskarten kaufen gehen. Mit Jenna laufe ich hinunter zum Pazifik. Er ist mein bester Freund! Vielleicht sollte ich ihm das auch mal sagen. Seit 16 Jahren reisen wir nun schon gemeinsam durch Südamerika und kein Göte oder Matze sind diesmal dabei, obwohl die vorher noch groß getönt hatten.

Nur der alte Mannheimer läuft schweigsam im rotschwarzen deutschen Trikot neben mir her und ist – nach den salzigen Perlen auf seiner Stirn zu urteilen – genauso aufgeregt. In diesem Augenblick wünsche ich mir, dass auch ich für ihn der allerbeste Freund der Welt bin.

In unserem Hotel wohnen die „Dubaiern" – bärige Typen, die von Dubai aus Bayern München supporten. An der Bucht treffen wir auf den „Unioner" aus Halle/S., dessen Zaunfahne bei jedem Deutschland-Spiel zu sehen ist, sowie auf eine Horde aus dem „Wilden Süden Gladbachs", aber auf zwei strohblonde Mecklenburger, die Trikots mit der 1 und der 8 tragen. Bei einem steht „Toni", beim anderen „Kroos" auf dem Rücken. Der grandiose Kaltblüter mit der Nummer 18 ist der einzige in der DDR geborene Spieler im Nationalteam. Auch ich finde ihn grandios, obwohl mir seine Herkunft – 25 Jahre nach dem Mauerfall – eigentlich völlig schnuppe ist.

Am „Ponte dos Ingleses" klatscht Jenna mit zwei „Monnemer Jungs" ab, ich grüße einen einsamen St.-Pauli-Fan und einen lustigen, sonnenverbrannten Kerl, der sich eine Dynamo-Dresden-Fahne um die Hüften gewickelt hat. Ganz Deutschland ist vertreten und als wir zwei Bielefelder, die wir auf dem Hinflug kennengelernt hatten, entdecken, wird aus Wiedersehensfreude ein erstes, kühles Mittagsbier gekauft. Manchmal kann einen schon die Stimmung vor einer Partie fesseln!

Wir kommen fast zu spät zum vereinbarten Treffpunkt, obwohl ich es ja war, der um 13 Uhr – drei Stunden vor Spielbeginn – aufbrechen wollte. Auch die Frauen haben sich nun herausgeputzt. Sylvie trägt das rote Auswärtstrikot der WM 2006, Danny das schwarz-weiße 75-Dollar-Shirt, plus Flip-Flops in Schwarz-Rot-Gold (!), und Erni seine Retro-74er-Klamotten.

Er sorgt am Taxistand zudem für Belustigung, weil er sich mit einem Idioten, der von Hut bis Fuß mit deutschem Tinnef und Lametta behangen ist, ablichten lässt. Auf dessen linker Brust klebt – warum auch immer – der Kopf von Bert. Erni lehnt seinen Schädel grinsend dagegen und Danny knipst die seltsame Sesamstraße in Fortaleza. Sylvie bekommt sich fast nicht mehr ein, aber auch aus einem anderen Grund.

Sie erzählt, dass unser Freund Erni in der Heimat das Limit seiner Kreditkarte auf 500 Euro pro Monat limitiert hatte, sodass er soeben gerade noch 60 Real (ca. 20 Euro) aus dem Automaten ziehen konnte.

Als wir das Taxi mit dem Ziel „Estádio Castelão" besteigen, habe ich gute Freunde und die schönste Frau der Welt an meiner Seite. Obwohl wir uns zu viert auf die Rückbank quetschen, schmusen wir wie zwei junge Welpen. Danny und Jenna auch. Heute kann nichts mehr schiefgehen! Der Fahrer rät zu einem Umweg, weil die Zufahrtstraße zum Stadion verstopft sei. Wir einigen uns auf 75 Real Festpreis. 15 für jeden. Ich rufe: „Erni, dann hast du ja noch 45 Äste." Er hatte zwar schon seine Freundin Wendy per Telefonat gebeten, Geld (also „Äste", wie er es nennt) auf sein Konto zu überweisen, aber heute wird der listige Sparfuchs ohne Weitblick den ganzen Tag hochgezogen.

Wendy ist eigentlich eine patente Werder-Frau – mit krassem Fußballverstand – und ich verstehe bis heute nicht, warum sie nicht mitgekommen ist. Dennoch bin ich froh, dass wir Erni nicht schon am ersten Tag verloren haben. Das war nämlich ihre größte Sorge gewesen. Der fragt Jenna gerade: „Kannste mir mal 'nen Hunderter borgen?" „Du hast doch noch fett Kohle", schallt es gewohnt trocken zurück.

Mein Handy brummt. Eine SMS: „Lasst es krachen und die Karte steht. Trueman." Mein liebster Kneipenkumpel aus dem „Rockz" hatte es leider nicht nach Fortaleza geschafft, obwohl wir für ihn ein Ticket haben. Erst zum Spiel gegen die USA reitet er zur WM ein und hätte dort wiederum eine Karte für mich. ,Oh Mann', denke ich im Wissen, dass wir morgen in den Amazonas fliegen und Recife wohl eher ausfällt.

Ich verzichte noch immer auf ein Smartphone, um nicht ständig online zu sein und wertvolle Lebenszeit mit so einem Scheiß zu vergeuden. „Hört mal. Mein Telefon hat 'ne sprechende Uhr", rufe ich. „Es ist 13 Uhr 32", krächzt eine weibliche Blechstimme und sorgt damit für die nächsten Lacher.

Die weiträumige Umfahrung ist eine gute Idee, weil wir schon um 14 Uhr ankommen und im Strom der Massen in Richtung des aus der Ferne gigantisch wirkenden Castelão laufen. Früher soll es abgelegen zwischen den zwei großen Ausfallstraßen am unbewohnten Stadtrand gelegen haben. Das zur WM 2014 völlig renovierte Stadion liegt heute inmitten einer riesigen Favela.

Entgegen aller Vermutung gibt es überall fliegende Händler, die Snacks und Dosenbier verkaufen. Die Brasilianer pfeifen auf die FIFA-Regularien.

„Erni, hol mal 'ne Runde. Hier ist es noch billig", ruft Danny. Das Brahma kostet 6 Real, sodass er nach fünf Kaltgetränken mit 15 Real Barbesitz im Prinzip pleite ist. Ich fühle mich sauwohl, denn es gibt nirgendwo eng zulaufende Gatter und dichtes Gedränge. Dennoch schwitzen wir wie Schweine. Ob es an den Außentemperaturen, der haarsträubenden Intensität oder an der Aufregung liegt?

Die deutschen Gesänge werden nun immer lauter. Sylvie trägt ein schwarz-rot-goldenes Band im Haar und Danny einen Aufkleber auf dem Rücken, auf dem steht: „I love Brasil" – wobei dieses Gefühl seit Tagen allumfassend ist.

„Bist du glücklich?", fragt mich Sylvie. „Oh ja", posaune ich zurück, denn ich verschmelze gerade mit der Euphorie der Massen und lasse mich kübelweise mit Glücksgefühlen überschütten. Nur einen Wermutstropfen gibt es: Niemand sucht nach einer Karte. Sie verkaufen sogar noch welche an den Kassen.

Das Fassungsvermögen soll bei über 60.000 liegen, aber ein wenig enttäuschend ist es schon, dass sie die Schüssel nicht vollkriegen. Außerdem lungern nicht einmal erwartungsfrohe Favela-Kids vor den Toren herum, denen wir die Karte einfach schenken könnten. Das Trueman-Ticket werden wir nicht los.

Hinter der ersten Sicherheitskontrolle – wir sind noch nicht im Stadion – hole ich die DDR-Fahne heraus und lass mich damit vor dem Beton-Monster fotografieren. Das Bild ist im Gedenken an meinen Vater, um ihm – wo immer er gerade ist – zu zeigen, dass es sein Ossi-Sohn tatsächlich bis zur Fußball-WM nach Brasilen geschafft hat. Das soll es dann aber auch mit Nostalgie gewesen sein. Ich stecke den Fetzen in eine Hosenschlaufe, sodass das Emblem nicht mehr zu sehen ist. Erni stellt sich mit Deutschland-Fahne neben mich. Die Vergangenheit ist endgültig ad acta gelegt – von jetzt an lebe ich nur noch im Präsens.

Die Brahma-Brauerei ist auch präsent. Die roten Becher zu 10 Real haben den Aufdruck: „21 de junho de 2014. Estadio Castelão. Fortaleza CE." Darunter sind die Nationalflaggen und „Alemanha" und „Gana" aufgedruckt. Erni hat nun vier Runden lang Pause vor unserem ätzenden Humor und gleichzeitig Zeit, sich zu überlegen, was er mit den langweiligen FIFA-Fan-Fest-Souvenirs machen soll.
Die Stimmung ist überragend: Musik, Lachen, Herzlichkeit und Lebenslust. Neben Deutschen und Ghanaern sind viele Brasilianer, aber auch etliche Mexikaner vor Ort. Auf einer Leinwand schießt Messi gerade im Mittagsspiel per

Traumtor das 1 : 0 für Argentinien gegen den Iran. In der 90. Minute! Die Brasilianer finden das Scheiße und ich denke: ‚Hoffentlich werden unsere Nerven heute nicht so lange strapaziert.'

Das Spiel

Direkt hinter der Taschenkontrolle müssen wir die Karten auf einen Scanner legen. Die Anzeige leuchtet grün und meine Augen auf der anderen Seite strahlend blau. Wir sind drin!

Noch haben wir eine Stunde Zeit bis zum Spielbeginn und so schlendern wir durch den Außenring fast einmal um das Stadion. Dummerweise haben wir Karten in verschiedenen Sektoren: vier Tickets in der Kategorie 2 zu 135 Dollar und zwei in der günstigeren Kategorie 3 (90 Dollar), welches der Deutschland-Block ist.

Dennoch entscheiden wir uns für die vermeintlich bessere Sicht, auch vor dem Hintergrund, dass wir dort nur einen einschleusen müssen. Der Witz: Wir gelangen, ohne kontrolliert zu werden, auf unsere Plätze. Direkt daneben gibt es zwei Sitze für „Behinderte". Ich hocke mich schon mal hin. Bei 30 Grad und hoher Luftfeuchtigkeit werden wir das Spiel sehr nah am Spielfeld auf Höhe der Eckfahne verfolgen und die Schwüle einfach wegsaugen. Um uns herum stehen etliche Landsleute, sodass auch hier das Barometer auf Stimmungs-Hochdruck geeicht ist.

Direkt hinter dem Tor tanzen sich die Ghana-Fans ein, während davor das deutsche Team seine Runden dreht. Sylvie zoomt heran und macht beeindruckende Fotos von all den Helden, die den Titel hoffentlich in drei Wochen mit nach Hause bringen werden. Plötzlich geschieht etwas Außergewöhnliches – mit mir. Beim offiziellen Einlauf der Mannschaften verspüre ich von jetzt auf sofort keinerlei Hektik mehr, bin nicht mehr angespannt oder aufgeregt. In meinem Herzen herrscht gespenstische Ruhe.

Alle um mich herum und die Spieler singen die Nationalhymne, nur Jerome Boateng und ich schweigen, denn bei mir läuft gerade ein anderer Film. In „90 Minuten Südamerika" hatte ich noch betont, dass dies kein Fußballbuch ist. Heute sind etwa 8.000 Deutsche im Stadion – von 80 Millionen Einwohnern – und ich bin einer von ihnen. Irgendwann schreibe ich mal ein Fußballbuch!

Mit noch etwas anderem liebäugelt mein Hirn. Wäre dies nicht der ideale Zeitpunkt, Sylvie zu fragen, ob sie mich heiraten will? Ich hatte ihr 2006, als ich die Fußball-WM daheim nicht erleben durfte, die Pistole auf die Brust gesetzt: Falls jemals eine WM in Brasilien stattfinden sollte, fahren wir hin – ohne Rücksicht auf das, was gerade im Leben ansteht. Wir sind hier! Kann es ein schöneres eingelöstes Versprechen geben?

Es soll im Leben eines Mannes nur drei Frauen geben, von denen man glaubt, dass sie die Richtige ist. Ich habe meine eine längst gefunden.

Erni bringt mich zurück in die Wirklichkeit, denn er brüllt: „Nu ghana losgehen". Ich liebe seinen Dialekt und Humor. Das Spiel geht los!

Schon nach wenigen Ballberührungen herrscht Unruhe im Stadion. Nicht auf dem Platz, sondern im Ring – direkt gegenüber. Heerscharen von Ordnern sammeln gerade hektisch die Banner unserer Freunde aus Dubaiern, Halle/S. und Gladbach ein – so sieht es zumindest aus der Ferne aus. Ein Pfeifkonzert und „FIFA raus" schallt zu uns herüber. Dass Zaunfahnen ein elementarer Bestandteil der Fankultur sind, vergessen die Weltverbands-Idioten mal wieder, zumal die Sponsoren ja sowieso in einer Art Dauerwerbesendung allgegenwärtig sind.

Falls auf der Videoleinwand das Original-TV-Bild übertragen wird, schwenken sie außerdem nur sehr selten in die Fanblocks, was Erni, der permanent in eine Zuschauer-Kamera winkt, augenscheinlich scheiße findet. Unsere Bier-Fahnen wehen durch die Arena – ohne Konsequenzen.

Das Spiel ist weniger aufregend. Ein Hin und Her im Mittelfeld und Ghana hat sogar die bessere Spielanlage, weil die Deutschen das Tempo arg verschleppen. Lediglich Kroos serviert gewohnt elegante Pässe und auch Özil gefällt mir, im Gegensatz zu Mario Götze, ganz gut. Im Boateng-Bruderduell gewinnt Jerome gegen Kevin-Prince jeden Zweikampf. Gute Ansätze, aber große Torchancen kann sich Deutschland nicht herausspielen. Sind die Afrikaner etwa besser als Portugal?

Auch das Liedgut lässt zu wünschen übrig. Der Klassiker „Deutschland, Deutschland" ist lautstark zu hören und „Steht auf, wenn Ihr Deutsche seid", wobei man an den „Sitzenbleibern" sieht, wie viele Brasilianer im Stadion sind. Die besingen das müde Gekicke mit: „Eu sou brasileiro, com muito orgulho, com muito amor." Aus tausenden Kehlen schallt es wie ein Manifest durchs Oval. Sie spielen heute nicht – feiern sich aber selbst, mit großem Stolz und viel Liebe. Zur Pause steht es 0 : 0.

Wir lassen uns vom Ergebnis die Laune nicht verderben. Unsere Frauen holen die nächste Runde Souvenirs (Bierbecher), Jenna fachsimpelt mit mir und Erni klettert vier Reihen hinauf, um sich mit drei deutschen Schönheiten fotografieren zu lassen. Die Hübschen halten ein riesiges Plakat in die Höhe: „Jetzt wird wieder geMüllert und geHummelst", ist dort zu lesen. Gerade drücken sie meinem Freund einen Fußball in die Hand, den er hin- und herschwingen soll. Auch sie wollen ins Fernsehen, was nicht gelingen wird, denn in Deutschland läuft momentan sicherlich die Tagesschau oder FIFA-Werbung. Plötzlich hängen auch die Zaunfahnen gegenüber wieder. Mal sehen, ob wir wenigstens dieses Duell gewinnen werden.

Danny und Sylvie kommen mit zehn Brahma-Bechern rechtzeitig zurück, um beim Blick auf die Anzeigetafel fast zeitgleich den Satz zu rufen: „Was ist denn ein Shkodran Mustafi?" Okay, den Typen mit dem lustigen Namen kannte ich bisher selbst kaum, und nur weil auf der Videoleinwand auch der Name Jerome Boateng danebensteht, weiß ich, dass er gerade eingewechselt wurde. Schon krass, was für eine multikulturelle Truppe unser Team geworden ist. Gut so!

Deutschland spielt jetzt auf das gegenüberliegende Tor und es sind erst wenige Minuten gespielt, als Müller von rechts in die Mitte flankt und Mario Götze der Ball irgendwie an den Kopf und dann ans Knie prallt. Das Ding ist urplötzlich im Netz. Tooor! Mit meinen Jungs vollführe ich den wüstesten Jubel-Pogo unseres Lebens. Sind wir bescheuert, oder was? Nein! Es ist unser Premieren-Tor bei einer Fußball-Weltmeisterschaft. ,Der Götze ist ja doch nicht so übel', denke ich, während ich im Pulk mehrere Treppenstufen hinuntertreibe.

Als wir uns wieder gefangen haben, flitzt ein mit Filzstift bemalter bärtiger Typ auf den Rasen. Sylvie zoomt heran. Es sieht so aus, als ob der Spinner SS-Runen auf seinem Arschloch-Körper zur Schau stellt. Abführen!

Eine Minute später patzt Lahm und Ghana stürmt sofort auf unser Tor zu. Nach einer Flanke köpft Ayew, unbedrängt von Shkodran und Per, ein. Ausgleich. Scheiße!

Schon in den ersten zehn Minuten der zweiten Halbzeit wird mehr Herzinfarkt-Risiko erzeugt als in unserem ganzen WM-Fanleben. Deutschland hängt in den Seilen. Danny reißt mich herum: „Das halte ich nicht aus – mach was!", denn plötzlich entdecken auch die Brasilianer ihr „Coração" (Herz) für den Außenseiter. „Ghana, Ghana, Ghana", schallt es durchs Rund und direkt unter uns beschwört ein krass geschminkter Voodoo-Priester seine schwarzen Brüder.

Es ist nun ein wilder Schlagabtausch und es gibt Riesenchancen auf beiden Seiten – doch nur Ghana trifft. Der erste Rückstand bei dieser WM und ich hoffe sogleich, dass es der letzte sein wird. Torschütze Gyan und der irre Medizinmann im Ghana-Block lassen sich feiern.

Die Brasilianer starten eine La-Ola, die fast durchs ganze Stadion rollt. Die letzten Minuten kamen mir vor wie im Zeitraffer. Welch ein Drama!

Sylvie schreit mir ins Ohr: „Anscheinend wird Deutschland doch nicht Weltmeister." „Nein, scheinbar wird Deutschland nicht Weltmeister", brülle ich zurück, denn endlich habe ich den Unterschied zwischen den beiden Wörtern kapiert. Der Schein trügt, natürlich holen wir den Titel! Rede ich mir gut zu.

Allerdings haben sich die neutralen Fans nun komplett auf die Seite des Gegners gestellt. Es stürmt aber gerade auch nur eine Mannschaft - und das ist Ghana. Atempause. Ecke für Deutschland. Kroos flankt präzise in den Strafraum, Höwedes verlängert geschickt und Klose – gerade erst eingewechselt – staubt ab. Tooor. Salto. Ausgleich. Wahnsinn! Es folgt der wüsteste Jubel-Tanz unseres Lebens.

Mehr Glückshormone können bei einem Fußballspiel kaum durch den Körper schwappen. Wir treiben im Knäuel hinunter bis zum nächsten Wellenbrecher.

Weiter geht es mit völlig irrationalem, unkontrolliertem Offensivfußball von beiden Seiten. Erni reißt mich aus dem Geschehen: „Wendy schreibt, dass Miro jetzt Ronaldo eingeholt hat", aber mir ist doch scheißegal, wie viele Tore Klose bei WMs (jetzt 15) gemacht hat. Hauptsache, er kann sich endlich mal Weltmeister nennen. Dennoch brülle ich mit Erni hemmungslos: „Miro Klose! Miro Klose! Miro Klose!"

Nach einer vergebenen Großchance endet das Spiel mit 2 : 2. Thomas Müller liegt beim Schlusspfiff blutüberströmt am Boden. Aber auch ich bin fix und alle. Nie zuvor habe ich eine Partie mit solch einer brodelnden Intensität live im Stadion verfolgt.

Sylvie umarmt mich lange und Danny ruft mir in Jennas Armen liegend zu: „Noch so ein Spiel halte ich definitiv nicht durch." Sie spricht mir aus dem Herzen.

Zwei Brasilianer mit schwarz-weiß gestreiften Trikots quatschen uns nach dem Spiel an. Wir wären ja richtig abgegangen, plappern sie drauflos. Anscheinend haben sie uns während der Partie beobachtet. Sie spendieren dem geldknappen Erni, der sich schnell mal zum „Corintians-Fan" gemacht hat, zwei Bier.

Als wir die Arena eine Stunde nach Abpfiff verlassen, versinkt die Sonne gerade in der Ferne im glitzernden Atlantik. Ich bin noch immer vollgepumpt mit Adrenalin, sodass ich dies zwar wahrnehme, aber gar nicht so richtig zu würdigen weiß. Sonst würden mir in diesem Augenblick die Tränen kommen.

Wir laufen zurück, wie wir gekommen sind. Unterwegs steht mitten auf der Straße ein einsamer Plastikstuhl. Ich muss mich kurz sammeln, ausruhen, wieder zu Kräften kommen und will meinem Herzschlag lauschen. Erni hält den Augenblick inmitten der Massen in einem Bild fest. Ein Foto für die Ewigkeit.

Zurück in der Stadt entern wir zielsicher ein Kilo-Restaurant. Als erfahrener Brasilien-Reisender erläutert Jenna den Frischlingen, dass sie sich bitte keine Kartoffeln oder sonstige Beilagen auf die Teller packen sollen, da an der Kasse nur das Gewicht zählt. Fleisch, Würste, Fisch, Krebse und Garnelen im Überfluss gibt es auch für Erni, dem Danny 100 Real geliehen hatte, weil sie unsere dummen Sprüche nicht länger ertragen konnte.

Im Gegensatz zu mir macht Sylvie das Gelage müde. Sie verzieht sich ins Hotel. Ohne mein Mädchen taumeln wir zu einem Konzert auf dem Fanfest. Ein Sänger namens „Pericles" heizt dort mit schwarzer Engelsstimme und Bigband in einer Mischung aus Samba-Reggea-Ska den Massen ein. Erni und ich schlagen uns in die vordersten Reihen durch. Dort sieht mein Freund, dass wir direkt vor einer fest installierten Kamera stehen, die alle dreißig Sekunden ins Publikum schwenkt.

Er greift mir in die Hosentasche und zieht die DDR-Fahne aus der Schlaufe.

Umgeben von krass abgehenden brasilienbraunen Jungs und beinahe barbusigen Schönheiten erschaffen wir ein durch Zufall inszeniertes Bühnenbild. Die gelb-grün-blauen Flaggen mit „Ordem e progresso" und die eine schwarz-rot-goldene mit „Hammer, Zirkel und Ehrenkranz" werden von gut 5.000 Leuten nun alle 30 Sekunden auf der riesigen Videoleinwand gesehen. Brasilien feiert mit zwei Ossis. Glückswellen durchziehen meinen Körper. Was für ein geiler Tag!

Das Nachspiel

Während Danny und Jenna nach dem Konzert ins Hotel gehen, habe ich mein Zeitgefühl längst verloren und streune mit Erni in eine vermeintlich gefährliche Ecke der Stadt. Gerade als wir einsichtig umkehren wollen, hören wir laute Musik auf der anderen Straßenseite. Etliche Einheimische, aber auch Deutsche in Nationaltrikots stehen vor einer Disco und plaudern. Ein kahl-rasierter Typ brüllt genau in diesem Moment: „Zieh sofort dein Scheiß-Ölaugen-Trikot aus, du Fotze". Der Drecks-Nazi und seine Jungs, deren Herkunft ich nicht verraten möchte, um den Verein nicht in Misskredit zu bringen, beschimpfen einen Kerl, weil er ein Özil-Trikot trägt.

„Verbisst euch, ihr Benner", ruft Erni unfassbar mutig. Ich zupfe ihm am Ärmel, doch seine Nase bleibt heil, weil die Deutschen mit Hirn deutlich in der Überzahl sind. Die drei Spackos suchen das Weite. Solche Typen werden für immer unsere Feinde bleiben. Wir hingegen taumeln Seit' an Seit' mit unseren Freunden „Özil", „Boateng" und „Podolski" ins Verderben.

Unter gewissen Umständen verliere ich im Leben die Kontrolle über den Verstand, denn in der Bar gibt es Frauen, die nicht von dieser Welt sind. Nur zögerlich kann ich den Blick von all den glänzenden Schenkeln und Brüsten der dunkelhäutigen Schönheiten abwenden, die hier ekstatisch und mit elegantem Hüftschwung Lambada und Samba zelebrieren. Manchmal will ich noch immer begehrenswert sein – möchte mir nicht eingestehen, dass die besten Jahre längst vorbei sind. Auf Fotos des heutigen Tages sehe ich zehn Jahre jünger aus und habe stets ein Leuchten in den Augen.

Auf dem Parkett schwebt ein Paar so unfassbar sexy mit

kleinen Körperdrehungen durch den Laden, dass es mich nach einem Caipi packt und ich eine wunderschöne Frau zum Tanz auffordere. Die Anmutige nickt und greift mir sofort an die Hüften. Doch der Schwof dauert genau eine Minute, weil ich nicht in der Lage bin, ihrem Rhythmus auch nur ansatzweise zu folgen. Ich torkele und stolpere eher neben ihr her. ‚Scheiße, den brasilianischen Hüftschwung habe ich nicht Blut', denke ich, als sie mich sanft von sich schiebt, einen Kuss auf die Wange drückt und „Não" flüstert. Eine Sprache zum Verlieben, denn selbst ein „Nein" klingt süß.

Plötzlich spielen sie „Nossa, Nossa" – das erste bekannte Lied in meinen Ohren. Wenig später schlängelt sich eine 200-köpfige „Polonaise" durch die Disco – angeführt von Erni. Fast alle haben sich angeschlossen und steigen nun kreischend über Tische und Stühle, bevor sie mein Freund unter den klaren Sternenhimmel führt.

Das Verhältnis von Deutschen und Brasilianern liegt bei vielleicht 1 : 7, doch in gemeinsamer Leidenschaft bricht der Laden gerade fast zusammen.

Die kaffeebraune Schönheit hinter mir flüstert mir irgendetwas ins Ohr, während Erni von vorn brüllt: „Das is ma 'ne rischdsche Bolonäse." Plötzlich ist da so ein krasses Gefühl von früher und gleichzeitig eines der unbändigen Augenblicks-Freude. Genau für diese Momente lohnt es sich zu leben!

Erni kommt freudestrahlend mit einer Frau im Schlepptau an. Er fragt: „Kannste mir mal 100 Äste borgen?" Mein Freund will der Zauberfee einen Drink spendieren. Zumindest realisiere ich, dass er schon wieder pleite ist. Abbruch! Arm in Arm wanken wir aus der Disco und singen: „Nossa,

nossa. Assim você me mata. Ai se eu te pego, ai se eu te pego". Es ist 5 Uhr morgens.

An der Strandpromenade herrscht noch immer Betrieb. Zwei Teams spielen auf dem warmen Pflaster Fußball und etliche Zuschauerinnen und Jungs diverser Nationen schauen dabei zu. Erni legt seine Deutschlandfahne hinter eines der aus zwei Bierdosen bestehenden Tore und brüllt: „Wir fordern!" Ein Typ namens Tommy, den wir schon im Club kennengelernt hatten, sieht das und ruft: „Ey, mit euch sind wir sieben!" Um eine steinerne Bank machen sich sogleich vier weitere Jungs startklar. Ich kann nicht fassen, was nun geschieht, aber Mateo und Jesus aus Kolumbien, der Chilene Amaro und David aus der Schweiz meinen es todernst. Tommy aus Braunschweig sowieso.

Derweil verlieren „brave Brasilianer" gegen oberkörperfreie „Favela-Boys" deutlich. Überheblich lächelnd, winken sie uns heran. In 2 x 10 Minuten wollen sie uns, den „Bunten" – wir tragen alle Trikots unserer Heimatlandländer – zeigen, wer die ultimativen Herren des Strandes von Fortaleza sind.

Erni geht ins Tor. Ich bilde mit David die Abwehrkette, die Kolumbianer spielen im Mittelfeld und Tommy orientiert sich zusammen mit Amaro in die Spitze.

Direkt nach dem Anstoß sprintet der Chilene nach vorn. Jesus spielt einen nahezu perfekten Pass ins Abwehrzentrum des Gegners, doch Amaro schiebt den Ball knapp an der linken Bierdose vorbei.

Sofort antworten die Brasilianer mit einem langen Ball hinter unseren zu weit aufgerückten Kolumbianer. Ich döse ein wenig und mit einer Körpertäuschung ist mein Gegner an mir vorbei. Der hat nun freie Bahn und schießt platziert ins linke Eck. 1 : 0 für Brasilien. Auf den Zuschauertribünen wird gejubelt.

‚Na das geht ja gut los‘, denke ich, während Jesus und Mateo toben und Erni den Ball holt. Ich wechsele in den Kasten. Meinem knapp acht Jahre jüngeren Freund, der bis zur A-Jugend fast auf Drittliga-Niveau in der Abwehr gespielt hat, wäre dieser Fehler sicher nicht unterlaufen. Zudem bin ich schon nach drei Sprints außer Atem, triefe vor Schweiß und spüre den immensen Alkohol in meinen Adern pulsieren.

Nach dem Anstoß sehe ich, wie genial Jesus und Mateo miteinander harmonieren. Gekonnt passen sie knapp zehnmal hin und her ohne, dass die verblüfften Brasilianer an den Ball gelangen. Erst jetzt grätscht einer dazwischen. Ecke. Jesus schaut kurz auf und flankt dann präzise in die Mitte. Kein einziger Gegner springt hoch und so fliegt der Ball zu Tommy, der ihn kurz fixiert und dann – etwas unbeholfen – in Richtung Tor köpft. Doch unerreichbar segelt dieser ins gegnerische Tor. „Viel zu hoch“, deutet der Torwart an, aber der bullige Chef unseres Gegners schüttelt den Kopf und schleppt den Ball zum Mittelkreis. 1 : 1.

Wütend rennen sie nun an, doch Erni bekommt den Ball schnell unter Kontrolle und passt hinüber zu David, der diesen augenblicklich zu Jesus hinüberschiebt. Blind spielt dieser weiter zu Amado. Drei Brasilianer schauen apathisch hinterher. Unser Chilene schießt den Torwart an, aber der Abpraller kommt genau zu ihm zurück und im Nachschuss versenkt er ihn eiskalt. Wie krass – wir führen! Mit „Chi, Chi, Chi, le, le, le!“ feiert sich Amado selbst.

Fast schon panisch rennen sie nun gegen uns an. Ich kann einen Ball lässig vor deren Stürmer aufnehmen und werfe weit ab hinüber zu Mateo. Der passt halbhoch zu Jesus, welcher das Ding per Direktabnahme aus gut zehn Metern knallhart ins rechte Eck zimmert. 1 : 3 – ich fasse es nicht.

Um uns herum ist es mittlerweile still geworden. Die Zuschauerinnen – vermutlich sind auch Freundinnen der Spieler anwesend – verharren in ungläubigem Staunen. Sie fragen sich wahrscheinlich gerade auch, ob das wirklich wahr ist. Erni kommt angerannt und singt mir ins Ohr: „Oh, wie ist das schön ..."

Nach dem Anstoß will keiner von denen den Ball so richtig haben. Aus frech lachenden, barfüßigen Straßenkickern sind Feiglinge geworden. Der arrogante Glaube, die Allergrößten zu sein, ist allmählich verflogen. Ihr Boss staucht sie immer wieder – wild gestikulierend – zusammen.

Jesus nutzt die Unentschlossenheit und spielt links hinüber auf Tommy, der ihn sofort auf den Kolumbianer zurückkickt. Kinderleicht schiebt er den Ball zwischen die Bierpfosten. Jetzt sprinten wir alle nach vorn und umarmen den Doppeltorschützen. Das Spiel ist nach acht Minuten eigentlich entschieden.

Doch noch ist nicht Halbzeit. Ich mache es mir im Tor gemütlich, denn die Brasilianer schaffen es nicht, an David und Erni vorbeizukommen. Mittlerweile brüllen Leute von draußen „Olé" nach jedem unserer Pässe zum Mitspieler. Und das ist oft, weil die planlos agierenden Gegner fast gar nicht mehr an den Ball kommen.

Mateo schiebt den Ball rechts auf Jesus, der sofort durchstartet, jedoch nicht abschließt, sondern zurück in die Mitte spielt. Dort wartet bereits sein Kumpel, der ihn übermütig mit der Hacke ins Tor kickt. Ich träume nicht. Es steht 5 : 1 für uns! Welch eine Tracht Prügel – welch eine Demütigung!

Während der kurzen Pause spendiert uns ein brasilianischer Familienvater eine Runde Bier. Keine Ahnung, ob er jemals auf dem Pflaster von Fortaleza eine solch peinliche Vorführung der heimischen Jungs gesehen hat. Andererseits vermute ich allmählich, dass auch Jesus, Mateo und Amado in ihrer Heimat durchaus für gute Kicks in ihren Vereinen bekannt sind.

Nach dem Seitenwechsel können wir es uns leisten, mich aus dem Tor zu nehmen. Ich tausche mit Tommy, der etwas außer Puste ist. Ein Gegner ist nun nicht mehr vorhanden, sodass auch ich mit dem Ball am Fuß ungestört auf dem Spielfeld entlang spazieren kann.

Als ich quer nach innen flanke, sehe ich gar nicht, dass sich auch Erni nach vorn orientiert hat. Zum Glück verpasst Jesus, denn so gelangt mein Freund an den Ball und knallt ihn per Vollspann dem Torwart zwischen die Beine. Getunnelt! Höchststrafe! 6 : 1! Der Kerl sackt zwischen den Pfosten in sich zusammen, während ich Erni auf den Rücken springe und wir gemeinsam zu Boden stürzen.

Tommy kommt aus dem Tor gerannt und auch der Schweizer David schließt sich uns an. Gemeinsam krauchen wir auf Knien als menschliche „Raupe" über den Platz. Die Südamerikaner staunen über so viel Ekstase und in den Gesichtern des Gegners ist eine Mischung aus Schock, Scham und Wut zu sehen.

Kurz darauf geschieht das Ungeheuerliche. Nein, wie bekommen keine aufs Maul und werden auch nicht mit vorgehaltenem Haifischmesser dazu gezwungen, sechs Stück reinzulassen. Der Chef der Brasilianer schnappt sich mit einer Fresse, die aussieht, als ob er Zahnschmerzen hat, den Ball, ruft seinen Jungs etwas zu und verschwindet dann mit ihnen in Richtung der Häuserschluchten. Der Torwart dreht sich noch einmal um und zeigt ein Fuck-Off. Erst totale Selbstüberschätzung und nun ein selbstzerstörerischer Minderwertigkeitskomplex.

Nach dreißig Sekunden sind die entzauberten Herren des Strandes verschwunden. Kampflos haben sie sich ihrem Schicksal ergeben. Deutschland-Kolumbien-Schweiz-Chile hat Brasilien auf eigenem Boden während der Fußball-WM 2014 mit 6 : 1 bezwungen. Wir liegen uns in den Armen und brüllen kollektiv den Klassiker: „We are the champions."

Jeder von uns weiß nun, dass die Heimmannschaft zu schlagen ist. „Vielleicht gewinnen unsere Jungs ja noch höher gegen die", brülle ich Erni in einem Anfall von Größenwahn zu und meine damit unsere Nationalmannschaft. Frühestens im Halbfinale kann es zur Partie gegen Brasilien kommen.

Noch lange sitzen wir mit Menschen aus aller Welt zusammen und erleben während des Sonnenaufgangs über Fortalezas Honiglippenbucht einen weiteren Augenblick für die Ewigkeit. Ein sehr junges Mädchen, die mit ihren Freunden noch immer hier ist, entdeckt meine DDR-Fahne und klettert mit dieser auf einen Betonsockel. Dort breitet sie sie vor ihrem Körper aus und beginnt mit liebreizender Stimme zu singen: „Eu sou alemão, com muito orgulho, com muito amor." Tommy und Erni stimmen sofort ein. Ich jedoch bestaune mit offenem Mund das Schauspiel und suche in meinem Hirn nach einem Wort, welches auch nur ansatzweise meine Gefühle beschreiben kann. Dieses Wort gibt es nicht!

Das Faultier

Erhebliches Aua! Am nächsten Morgen geht es mir gar nicht gut. Sylvie weckt mich rabiat: „Steh auf, du Penner", ruft sie grimmig. „In einer halben Stunde müssen wir aus dem Zimmer raus sein." Es ist 10.30 Uhr. Erni und ich hatten nur vier Stunden Schlaf. „Außerdem fahre ich jetzt mit den anderen an den Strand und will euch bis 16 Uhr nicht mehr sehen. Ihr seid vielleicht zwei Kranke!"

Wir hatten bei unserer Rückkehr wohl ziemlich randaliert und sie euphorisch dazu aufgefordert, mitzufeiern – erfahre ich erst am Nachmittag, als sich die Wogen allmählich geglättet haben.

Bis dahin esse ich mit rebellierendem Magen 120 Gramm leichte Kost in einem Kilo-Restaurant und lungere mit Erni im Schatten einer Palme am Stadtstrand herum, wenngleich mir dabei fast die Schläfen platzen. Klassischer Kater, den man nur mit einem Konterbier lindern kann. Könnte. Ich verzichte darauf.

Eine Sache ist trotz Vernebelung klar: Ich werde nicht nach Recife zum USA-Spiel fahren, auch, um meine Beziehung nicht wegen einer Fußballpartie aufs Spiel zu setzen. Zum einen ist dies unser gemeinsamer Jahresurlaub, zum anderen ist Deutschland nun schon relativ sicher im Achtelfinale. Außerdem fliegen wir in den tropischen Regenwald, an einen Ort, der an den schönsten Flussstränden der Welt liegen soll. Auf der im Reiseführer angepriesenen, Ilha do Amor (Insel der Liebe) will ich auch meine wieder auffrischen.

Als wir um 19 Uhr abheben, dämmere ich weg und weiß, dass ich den ätzenden Tag heil überstanden habe. Falsch gedacht! Wir befinden uns nämlich in einer Art

„Lumpensammler-Flug", der auf dem Weg von Fortaleza nach Santarem zweimal zwischenlandet. Nach einer Stunde geht es bereits wieder in den Sinkflug.

Kurz bevor die klapprige Maschine mit ausgefahrenem Fahrwerk den Boden berührt, gibt es einen ohrenbetäubenden Knall. Die Düsen werden erneut angeschmissen und der Pilot startet durch. Ob es an meiner Müdigkeit liegt, mag ich nicht beurteilen, denn ich bleibe relativ ruhig, obwohl die Maschine nun regelrecht bebt und fast den Tower von São Luís streift. Vielleicht verspüre ich erstmals, dass der Tod allmählich seinen Schrecken verliert, wenn man so viele Jahre bewusst gelebt hat.

Beim zweiten Versuch setzt die Todesangst wieder ein – so weltverliebt bin ich dann doch noch. Ich nehme Sylvies Hand in meine verschwitzte. Sie schenkt mir ein herzzerreißendes Lächeln. Da ist nach den vielen gemeinsamen Jahren noch immer dieses Gefühl, so verliebt zu sein, dass einem die Oberschenkel schlottern.

Nach einem weiteren wackeligen Zwischenstopp in Belem erreichen wir den Mini-Flughafen von Santarem mit zwei Stunden Verspätung um 2 Uhr nachts. Ich will nur noch pennen. Mein Rucksack ist der erste auf dem Band, also gehe ich hinaus, um eine zu paffen. Vor dem Empfangskiosk steht ein einziges Auto, vor dem ein Mann mit einem Schild vor der Brust wartet. Darauf steht: „Sylvie". Ein Wunder!

Während der halsbrecherischen, dreißigminütigen Fahrt, die wir niemals in völliger Finsternis durch den Urwald hätten laufen können, erzählt Sylvie ganz nebenbei, dass sie auf der Landebahn von Belem eine Nachricht an das Hotel gesandt hatte, damit die einen Fahrer schicken. Wunderbare Frau!

In der Pousada do Mingote in Alter do Chão werden wir tatsächlich noch erwartet und die erste Nacht nimmt einen unerwarteten Verlauf, weil es Erni nach nur fünf Minuten gelingt, das Klo (im Zimmer von Danny und Jenna) zu verstopfen, was eine Bergungsaktion mittels Kleiderbügel, heißem Wasser, Fäusten und schlussendlich per Pümpel durch eine angepisste Angestellte nach sich zieht. Derweil trinken wir dann doch noch ein Ankommens-Bier im tropischen Pará. 4 Uhr nachts liegen wir in unseren Betten. Endlich schlafen.

Am Morgen erwachen wir zu unterschiedlichen Zeiten, erleben aber beim Betreten der Dachterrasse in etwa das gleiche Szenario. Es sind sonnige 30 Grad bei hoher Luftfeuchtigkeit und direkt unter uns befindet sich ein farbenfrohes Plätzchen.

Die tropischen Bäume sind mit Brasilien-Wimpeln und Fahnen geschmückt, so als fände die WM in diesem Urwaldkaff statt. Auf einem der Bäume wohnt ein fetter, graugrüner Leguan. Zur Linken ist der Rio Tapajós (einer der größten Nebenflüsse des Amazonas) nicht zu übersehen und rechterhand befindet sich der Lago Verde (Grüner See) mit seiner berühmten Liebesinsel.

Befände (!), denn diese fehlt im Bild. Noch schlimmer: Es sind überhaupt keine Sandstrände und eben auch kein paradiesisches Eiland zu sehen. Lediglich die Spitzen einiger schilfbedeckter Restaurants ragen aus dem Wasser und selbst die nahegelegene Strandpromenade ist überflutet. Autsch! Wir sind zur falschen Jahreszeit gekommen.

Was macht man in so einer beschissenen Situation ohne Badestelle und Pool, wenn der Stern von oben erbarmungslos knallt? Falsch, nicht sinnlos saufen!

Ich spüre Sylvies Bereitschaft zur Hingabe und im Bett finden wir die gesuchte Liebesinsel. Ein Statement.

Erst kurz vor 17 Uhr wird Bier vor einer Leinwand inmitten von 80 hibbeligen Dorfbewohnern geordert. Brasilien spielt gegen Kamerun. Sie müssen gewinnen, damit es nicht peinlich wird. Die Atmosphäre erinnert mich stark an die WM 2006, die wir ja ebenso als Gäste in diesem Land verbracht hatten. Wie damals sind die Kneipen und Bars nur dann rappelvoll, wenn die Seleção spielt oder wenn schnulzige Telenovelas laufen.

Auch heute legen die Einheimischen den Schalter augenblicklich um und drehen durch, als gäbe es kein Morgen. Sogar die spöttische Siegesgewissheit ist nach etlichen titellosen Jahren und zuletzt mäßigen WM-Ergebnissen geblieben. „Wir holen den Titel nach Hause, keine Frage", geben uns alle schulterzuckend zu verstehen. Ihr Lieblingsgegner im Finale wäre Uruguay, weil sie mit denen noch ein uraltes Hühnchen zu rupfen hätten.

Wir lernen einen melancholischen Portugiesen namens Joao kennen. Ansonsten sind wir die einzigen ausländischen Touristen, denn eines hatte ich – neben der fehlenden Hochwasserinformation – nicht bedacht: Wer macht gerade schon Urlaub in diesem Land abseits der Spielorte? Niemand. Alle Hotels sind unterbelegt.

Böller explodieren – das Spiel beginnt.

Der Kommentator heißt in Brasilien „Narrador", also Erzähler. Und so erzählt er mit blumiger Stimme, die eher an einen Gesang erinnert, dass Brasilien locker mit 4 : 1 gewinnt und als Gruppensieger im Achtelfinale auf Chile treffen wird.

Allerdings fehlen mir beim Heimteam der Spielwitz und

die Leichtigkeit. Lediglich der Doppeltorschütze Neymar ist einer, der an die glorreichen Zeiten erinnert. Mit Fred, Hulk und Co. haben sie eher Stolper-Marios und Kampfmaschinen in ihrem Team. Joao behauptet sogar, dass der extrovertierte Scolari das schlechteste WM-Team seit 60 Jahren zusammengestellt hat, welches niemals den Titel holen wird. „Hoffentlich fliegen die bald raus", ruft er nicht ohne Kolonialmacht-Häme, was ich aufgrund der dann fehlenden Stimmung nicht unbedingt herbeisehne. Leuchtraketen steigen in die Luft. Wenn eine Partie abgepfiffen und gewonnen ist – die Brasilianer gewinnen nach eigener Einschätzung ja sowieso jedes Spiel – kommt das Wichtigste: Die Party danach! Auch für uns bedeutet das nach Abpfiff, mit trommelnden und singenden Menschen in einem karnevalähnlichen Festumzug durch den Ort zu ziehen. Kurz darf Erni den Kleinstadt-Mob sogar in einer Art Dschungel-Polonaise anführen.

Der nächste Tag. Warum mache ich eigentlich zum zehnten Mal eine Dschungeltour in Südamerika, obwohl sich die Abläufe fast immer gleichen? Die Antwort ist simpel: Man taucht sofort in eine andere Welt ein, denn der tropische Regenwald steht im krassen Gegensatz zum intensiven Großstadtleben. Augenblicklich verspüre ich auf diesen Trips keinerlei Zivilisationsmief mehr.

Heute tuckern wir zusammen mit Joao und Führer Pepe auf dem spiegelglatten Lago Verde herum und holen uns schnell feuchte Schwitzränder in den Achseln, bevor wir in ein schmales Kanu mit erheblichem Tiefgang wechseln und in ein Kanalsystem abbiegen. Wir sitzen hintereinander und immer, wenn sich einer in der Nussschale bewegt, schwappt Wasser über die Kanten.

An einigen Stellen ist das Geäst so dicht, dass wir durch dunkle Mangroven-Tunnel hindurchstaken müssen. Bäume neigen sich über den Fluss. Zudem gibt es überall stachelige Dornen-Palmen und Schnittgräser, die auf Danny und Erni eine gewisse Anziehungskraft ausüben. Sie bluten schon bald aus etlichen Rissen an Händen und Armen. In den Wäldern herrscht unfassbare Stille, obwohl wir uns in einem Gebiet befinden, in dem es eine Million verschiedener Insektenarten geben soll.

Als wir die Waldesruhe verlassen, wird uns sofort wieder die atemberaubende Farbenvielfalt Brasiliens um die Ohren gehauen. Pepe erklärt in holprigem Englisch, dass im Amazonasbecken etwa ein Viertel der weltweit vorkommenden Pflanzen und Tiere ihr Zuhause haben, wobei uns die allermeisten Spezies verborgen bleiben. Zumindest entdecken wir sonnentankende Schildkröten, blaue Frösche, grüne Echsen und unzählige schwarz-gelbe Vögel. Die erste Stunde sitze ich wortlos im Kanu und nur das Gezwitscher und die Zoomgeräusche der Kameras durchbrechen die atmosphärische Stille. Bis das Handy des Führers läutet. Mobiltelefone sind doch scheiße mitten im Regenwald!

Wir steigen in ein Motorboot um und fahren nun den gigantischen Rio Tapajos in Ufernähe entlang. Der grünblau schimmernde Fluss könnte auch ein Meer sein. An einigen Stellen ist er mit 12 Kilometern breiter als der Amazonas. Die Mittagspause sollte eigentlich ein Badevergnügen beinhalten, aber der (angeblich) feinkörnige Sandstrand ist auch hier nur auf den käuflich zu erwerbenden Postkarten vorhanden. Das Wasser ist dennoch glasklar, aber so richtig traut sich keiner hinein.

Danach queren wir den riesigen Strom und erleben ein

nächstes Wunder der Natur. Es sind heute 32 Grad Celsius bei 80 % Luftfeuchtigkeit. Doch kaum hat Pepe den Motor angeworfen, beginnen wir tatsächlich zu frieren. Wind und Wellen nehmen stetig zu und der Himmel öffnet, aus urplötzlich aufgetauchten, gelben Mammatus-Wolken, seine Regenwald-Schleusen.

Zusätzlich – das Boot ist erstaunlich schnell – schwappen uns Gischt-Fontänen ununterbrochen auf die Schenkel. Sylvie und Danny zittern am Bug wie Espenlaub und wickeln sich bibbernd in Badehandtücher ein, die nun doch einen Nutzen haben.

Als wir endlich ein Gebiet mit, durch das Hochwasser entstandenen, Inseln erreichen, steht die Sonne wieder am Himmel und lässt die Wasseroberfläche silbrig glitzern. Das Nass in den Klamotten verdampft in Minuten. Um uns herum bedecken nun hunderte grüne Blattteller, mit einem Durchmesser von fast zwei Metern, das Gewässer. Dazwischen leuchten zartrosafarbene Blüten der Amazonas-Seerose. Gleichzeitig erleben wir eine gigantische Vogelschau.

Ornithologen würden einen Herzkasper kriegen, denn so viele Wasser-, See-, Greif- und Singvögel habe ich noch nie zuvor auf einem Flecken gesichtet. Langsam gehen mir auf Reisen die Superlative aus. Auch mehrere der fast urzeitlich wirkenden Hoatzins (Stinkvögel), mit roten Augen und wilden Hauben auf dem Kopf, sehe ich erstmals im Leben.

Mitten in diesen Lagunen erreichen wir ein Haus auf Stelzen, welches wie ein Ufo aus den Fluten ragt. Dort, mitten im Nichts, wohnt ein altes, zivilisationsmüdes Ehepaar. In „Normalzeiten" steht ihre Behausung, wie die Kirche gegenüber (von der nur das Kreuz aus dem Wasser ragt), auf einer Insel mit festem Grund.

Doch momentan leben die wunderlichen Greise inmitten einer Seenlandschaft und das nächste bewohnte Haus ist weit entfernt. Der Alte plappert sofort drauflos, während Pepe übersetzt. Seit über 40 Jahren leben sie nun schon glücklich und zufrieden am Fluss und haben es noch nicht einmal bereut, der restlichen Menschheit „Adeus" gesagt zu haben.

Das Gebiet um die Hütte befindet sich durch die Flut in einer Mischwasser-Zone mit einer großen Piranha-Population. Im klaren Rio Tapojos kommen die aggressiven Fieslinge sonst eher selten vor. Besonders an der überschwemmten Jesuiten-Kirche seien die rotbauchigen Aasfresser gerade in regelrechten Schwärmen unterwegs. Das rustikale Wohnhaus des Ehepaares ist deshalb per wackeliger Holzstege mit dem Schuppen und Hühnerstall verbunden. Ihre eierlegenden Hennen und der ulkig rülpsende Hund würden sonst von unten angeknabbert werden. Vermuten wir.

Auch zur Toilette, deren Abfluss direkt in den See führt, gelangt man nur über ein schmales Brett. Sylvie balanciert mit wackeligen Knien hinüber. Wir nippen derweil an gereichtem Tee. „Aus welchem Wasser ist der denn gebrüht?", murmelt Jenna, während ich dem vielstimmigen Vogelkonzert lausche. Bis es hinter uns mit lautem Getöse „Platsch" macht. Eine weibliche Stimme brüllt: „Ist doch Kacke!" Den Rückweg hat Sylvie dann doch nicht gepackt.

Die Szene hat Wucht, denn sie schwimmt nun unterhalb des Stegs und schimpft wie ein Rohrspatz. Aber nicht über die „Süßwasser-Hyänen", die sie gerade von unten begutachten, sondern über die Tatsache, dass sie heute bereits ein zweites Mal klitschnass geworden ist.

Ich greife ihre Hand und hole sie mit einem Ruck zurück

auf den Anleger. „Sind ja noch alle Zehen dran", rufe ich beim Betrachten ihrer kleinen Füße. Wenn Blicke töten könnten, wäre ich tot, doch als ich sie umarme, lächelt sie und flüstert: „Mal sehen, ob wir in 30 Jahren auch noch so glücklich wie die beiden Alten sind."

„Die streiten bestimmt ganz fürchterlich, sobald wir die Hütte verlassen", antworte ich und weiß wieder einmal, dass Sylvie die End-Richtige ist.

Ein bisschen sind Opa und Oma dann doch auf den Tourismus angewiesen, denn mit ihrem Kahn, der den Booten im Spreewald gleicht, stakt uns Pepe in den stark zugewucherten Regenwald auf der Suche nach Preguiças oder Sloths, wobei wir weder das portugiesische noch englische Wort übersetzen können. Das macht die Sache spannend.

Ich war eigentlich der Meinung, in Südamerika schon alle spektakulären Tiere gesehen zu haben, seien es Lamas, Pinguine, Gürteltiere, Ameisenbären, Tukane, Tapire, Kondore, Brüllaffen, Riesenotter, Kaimane, Pumas, Schlangen, Spinnen und so weiter. Sogar seltene Arten wie Rosa-Flussdelfine, Hyazinth-Aras und ein Jaguar stehen auf meiner Lebensliste.

Doch als ich das zottelige Wollknäul das erste Mal sehe, weiß ich, dass eine Spezies bisher noch fehlte: das Faultier. In den Baumkronen über uns entdecken wir bald etliche dieser sich nur in Super-Zeitlupe bewegenden Viecher. Eines hält sogar ein faules Baby mit seinen drei Krallen am Körper fest. Filmaufnahmen sehen nun aus wie Standbilder und lediglich die wehenden Zweige zeugen davon, dass dem nicht so ist. Dennoch fantastisch, weil die Tiere mit ihren kleinen, runden Köpfen und den Popper-Frisuren fast menschlich Züge haben.

Zurück bei den Aussteigern sehen wir, dass sich Oma und Opa mittlerweile dem Tempo angepasst haben. Beide liegen schnarchend in einer Hängematte. Pepe legt Geld für den Bootsverleih in eine Schale und fährt uns zurück auf den Fluss.

Unser letzter Halt soll ein Spot im „Floresta Nacional do Tapajos" (Nationalpark) sein, wo wir von einem Hügel den Sonnenuntergang beobachten können.

Nach einer Stunde würgt Pepe den Motor ab und wenige Zeit später fällt er komplett aus. Kein Problem, weil wir in Ufernähe sind und per Paddel schnell an dieses gelangen. Allerdings befinden wir uns nun sehr weit von Alter do Chão entfernt, erklärt Pepe und zückt sein Smartphone. Wie krass: Noch vor wenigen Jahren wären wir hier hilflos gestrandet und nun (es gibt in der Nähe sogar einen Funk-Mast) plappert unser Führer munter drauflos.

Kompliziert wird es dennoch. Joao übersetzt, dass uns heute kein anderes Boot mehr abholen kann. Wir könnten entweder in finsterer Nacht drei Stunden durch den Dschungel zurücklaufen oder in einem, in der Nähe befindlichen, Indio-Dorf übernachten. Bei der Abstimmung zeigt sich, wer die Mädchen in unserer Truppe sind (die Jungs). Eine Mehrheit einigt sich auf das Dschungelcamp.

Das zwanzig Minuten entfernte Urwalddorf ist eine in Kreisform ausgerichtete Ansammlung von Hütten mit einem großen Platz, in dessen Mitte ein Haus steht, welches Sylvie und Danny aus traditionellen Gründen nicht betreten dürfen.

Die männlichen Bewohner fallen durch aufwendigen Federschmuck auf. Fast ihren gesamten Körper haben sie in langen Linien mit Pigmenten bemalt. Die Frauen und Kinder haben kahl geschorene Schädeldecken, während die Haare an den Seiten lang sind. Ihre Sprache erinnert an das Krächzen des Stinkvogels und wären wir nachts gekommen, hätten wir uns vor Angst in die Hosen gemacht, zumal viele der Männer auch Pfeil und Bogen, Schlagstöcke und Lanzen bei sich tragen.

Nach einer professionellen Verhandlung können wir für 20 Real pro Person ihre Gäste sein. In dem gemauerten Zimmer liegen sechs muffige Matratzen und es gibt ein Plumsklo am Waldesrand. Ein bisschen sieht die Sache dennoch wie arrangiert aus. Nur die dunkeläugigen Kinder in ihren raffinierten Kautschuk-Sandalen, welche uns wie Außerirdische anstarren, erinnern daran, dass dieser Zwischenstopp wohl doch eher Zufall war.

Schnell haben sie Vertrauen gefasst und zeigen uns eine dicke Würgeschlange, die sich in der Nähe um einen Baumstamm gewunden hat. Mangos, Melonen, Ananas und Stinkfrüchte gedeihen daneben.

Auch auf den, mit kniehohem Gras überwucherten Fußballplatz werden wir von ihnen geführt und müssen ein paar haltbare Treffer kassieren, um sie zum Jauchzen zu bringen. Es gibt sogar eine wackelige, hölzerne Tribüne, die etwa zwölf Dorfältesten Platz bietet, um die Partien in der Indianer-Fußballmeisterschaft zu verfolgen.

Nach einem scharf-würzigen Mahl aus Reis und Maniokmehl, serviert mit frischen Orangenscheiben und Fleisch, das niemals Hühnchen ist, versiegeln wir uns mit Cachaça in einer Open-Air-Bar, die per Generator mit fahlem Licht versorgt wird und einen antiken Billardtisch beherbergt. Insekten zerplatzen knallend an der herunterhängenden Glühbirne. Es gibt also sogar eine Kneipe im Dschungel des

21. Jahrhunderts, die die Stimmung versaut. Nein! Wir fühlen uns sauwohl und schlafen trotz unheimlicher Geräusche in diesem Loch von einem Zimmer – mit Spinnen, Kakerlaken und Dreck – wie Steine.

Da wir nun schon mal mitten im Urwald sind, organisiert Pepe einen Einheimischen, der uns auf eine Dschungeltour mitnimmt. Bereits nach wenigen Minuten schlägt er mit seiner Machete Schneisen in den fast undurchdringlichen Regenwald, damit wir gigantische Bäume mit 10 Meter dicken Stämmen entdecken und an knallbunten Blüten riechen können, die zuvor von anderen Pflanzen überdeckt waren.

Manchmal scheint der Boden gar keinen Platz für all den Bewuchs zu haben. Unsere Frauen fotografieren Früchte und Insekten, die es wahrscheinlich nur hier gibt. Der brasilianische Amazonas-Urwald ist botanischer Garten, Restaurant und Apotheke. Und Weltwunder! Als wir eine steile Erhebung erklimmen und den nebeligen Regenwald von oben betrachten, könnte ich schreien vor Glück. Ein Tukan schaut gelangweilt herüber, bevor er abhebt.

Auf dem Rückweg beginnt es so heftig zu schütten, wie ich es selten zuvor erlebt habe. Donner rollt über uns hinweg. Klar, wir stinken, aber es müssen ja nicht gleich 200-Liter-Eimer über einem ausgegossen werden.

Alles, was wir anhaben, aber auch das, was sich in den Taschen der Hosen befindet, wird auswring-nass. Mittlerweile rennen wir mit wassergefüllten Schuhen durch den Wald, doch der Indio-Führer ruft uns krächzend zurück.

Auf Augenhöhe greift er in einen Strauch und holt ein glitschiges Tier zum Vorschein. Es ist ein Dreifinger-Faultier mit äußerst prägnanten Gesichtszügen. Hape (so wird er getauft, weil er gewisse Ähnlichkeit mit Hape Kerkeling hat) wedelt bedächtig mit den Armen und grinst dabei unsicher. Sein zottlig-graues Fell, auf dem hunderte kleiner Insekten hausen, scheint regelrecht zu dampfen und schimmert leicht grünlich. Fast sieht es so aus, als ob diverse Algenkulturen auf ihm gedeihen. Niemand möchte den lustigen Müßiggänger streicheln.

„Achtung, da kommt jemand!", ruft Danny, und obwohl das nicht stimmt, setzt der Typ das verstörte Vieh zurück in den Baum. Nun geschieht etwas Ungewöhnliches. Hape sprintet den Stamm regelrecht empor. Im Verlauf eines Tages bewegen sich Faultiere meist weniger als 36 Meter, wissen wir durch Joao. Wir sehen also gerade das vermutlich schnellste Faultier der Welt. Gebannt beobachten wir die hektischen Bewegungen, bis dem Spaßvogel wieder einfällt, dass er ja eigentlich ein stoffwechselarmes Zeitlupen-Wesen ist.

Als wir das Dorf erreichen, hört es von einem auf den anderen Moment auf zu regnen, und wenig später bringt uns Pepe per Ersatzmotor zurück in die Zivilisation, die sich noch immer inmitten des Amazonas-Beckens – also im Nirgendwo – befindet.

Welch spektakuläre Welt. Wie unwichtig und unbedeutend eine Fußball-WM doch manchmal sein kann. Ich freue mich schon riesig auf die Achtelfinalspiele!

Hausmeister Krause

Lange vor der WM 2014 gab es in Brasilien in vielen Orten massive, zum Teil gewalttätige Proteste: gegen die allgegenwärtige Korruption, gegen Kinderarmut, Arbeitslosigkeit, Misswirtschaft und soziale Ungerechtigkeiten. Mit Anpfiff der Spiele hatten sich die Demonstranten eine Pause verordnet. Das große Volksfest mit Menschen aus aller Welt war ihnen dann doch wichtiger. Kurzzeitig.

In Belem werde ich jedoch sofort daran erinnert, worum es den gastfreundlichen Menschen eigentlich ging, denn die Stadt im Nordosten des Landes wirkt wie eine überdimensionale Favela. Von der lieblichen „Stadt der Mangobäume" mit fantastischen Prachtbauten gibt es – wie schon auf der Reise zuvor – keine Spur.

Die größtenteils dunkelhäutigen Bewohner sehen seltsam frustriert und vom Leben ernüchtert aus. Würde man ihnen Jeans, T-Shirts und Turnschuhe abnehmen, sähen sie wahrscheinlich wie traurige Indianer aus.

Belem war leider das einzig bezahlbare Flugziel gewesen, um das Amazonasgebiet zu verlassen. Eine dreitägige Bootstour wäre eine Alternative gewesen, wobei wir dann ja auch hier angekommen wären.

„Bitte nicht zu 'nem Franzosen", bettelt Jenna am Flughafen. „Doch!", rufe ich, weil das „Hotel le Massilia" unsere Unterkunft im Zentrum sein wird. Es ist die richtige Entscheidung, denn das zweistöckige Haus ist Oase und Festung zugleich.

Im Innenhof befinden sich ein verwunschener Garten mit seidigem Pool und ein Bistro mit französischer Küche. Am liebsten würde ich das Kleinod nie wieder verlassen. Doch kurz nach der Ankunft rennen wir schon wieder los. In wenigen Augenblicken spielt Deutschland sein letztes Gruppenspiel gegen die USA. Es ist jetzt kurz vor 13 Uhr.

Am Estação das Docas haben das dortige Brauhaus und zwei Cafés zwar geöffnet, aber die TV-Geräte nicht angeworfen. So sitzen wir in einer Shoppingmall zusammen mit zwei Einheimischen vor einem Bildschirm, auf dem man aufgrund der Sonneneinstrahlung fast nichts erkennen kann. Der Ton ist ein Witz und von allen Seiten erschallt brasilianische Mallorca-Musik.

„Das ist ja wohl die allergrößte Scheiße. So möchte ich nie wieder ein Spiel der Deutschen sehen", wüte ich. Obwohl unsere Fußball-Leidenschaft sehr unterschiedlich ausgeprägt ist: Heute haben wir alle die Arschkarte gezogen.

„Wasserschlacht! Chaos! Ich bin drin! Wie geil!", schreibt Trueman in einer SMS. In Recife muss es gerade so stark regnen, dass die Straßen der Stadt hüfthoch geflutet und einige Fans noch immer nicht im Stadion sind. In der Stadt kann das Wasser bei Flut nicht ins Meer ablaufen, als Folge der meeresnahen Bauweise der Holländer.

So gesehen, kann ich Truemans Euphorie, sein erstes WM-Spiel 2014 in Brasilien live zu erleben, zwar verstehen, bin aber eigentlich froh, mir das langweilige Spiel – Deutschland „müllert" sich zu einem 1 : 0 gegen die US-Amerikaner – nicht vor Ort angeschaut zu haben.

Wobei, wenn ich mich hier so umschaue, wäre das durchaus spannender gewesen.

Jenna und ich sitzen, wie zwei Idioten, in Nationaltrikots herum, während der dritte im Bunde (Erni) gerade mal wieder versucht, Kohle aus einem Geldautomaten zu ziehen. Als die deutschen Fans in Recife und daheim den Einzug als Gruppensieger ins Achtelfinale feiern, trödeln wir die zugemüllten Straßen entlang. Nur Danny findet, dass Belem einen durchaus morbiden Charme besitzt. Die Kautschukbarone bauten sich damals kleine Paläste. Heute wirken auch diese Prachtbauten heruntergekommen. Es gibt kein Gebäude, von dem nicht der Putz bröckelt und über dem nicht schwarze Rabengeier kreisen.

In den Shops gibt es ausschließlich Plaste- und Elektroschrott zu kaufen, aber auch Fußballtrikots für 5 €, die man sicherlich nur einmal tragen kann, bevor sie verrotten. Lediglich rings um das Eisenkonstrukt des „Ver-o-Peso-Marktes" kommt Feeling auf, weil es viele der angebotenen Fisch-, Kräuter-, Gemüse- und Obstsorten nur in dieser Region gibt. Im Gegensatz zu den tiefschwarzen Aasgeiern sind wenigstens die Menschen Belems friedlich und lassen uns an vielen Ständen Dinge mit Löffeln und Gabeln kosten. Doch nur Sylvie und ich trauen dem Frieden (für den Magen) und essen gegrillten Fisch mit schwarzen Bohnen und Reis zu erschwinglichen Preisen.

Zeit für den Zauberpool beim Franzosen, den ich nach diesem dornenreichen Tag bis zur Nachtruhe nicht mehr verlassen will. Auch das Spiel Algerien gegen Russland schaue ich dort, um unseren „Freilos-Gegner" im Achtelfinale (Algerien wird es) zu begutachten. Meine Freunde versuchen ihr Glück auf der Suche nach einem Restaurant in der verruchten Gegend rund um das Hotel und kehren nach einer Stunde konsterniert zurück, wenngleich sie das Bündel kleiner Geldnoten, das bei einem Überfall auszuhändigen ist, noch bei sich tragen.

Ich möchte nicht jederzeit erreichbar und online sein. Das Internet ist auf solchen Reisen jedoch manchmal ein Segen. Man muss keine kiloschweren Reiseführer mehr mit sich herumschleppen oder stundenlang in zwielichtigen Reisebüros darauf warten, überteuerte Angebote unter die Nase gerieben zu bekommen.

Nach eingehender Recherche im hiesigen WLAN (auf den Smartphones meiner Begleiter) buchen wir einen Bus nach Parnaíba. Dort werden noch ein paar Tage verweilen, bevor es weiter nach Recife geht. Auch diesen Inlandsflug können wir im Netz reservieren.

Nach getaner Arbeit ruft Jenna: „Wisst ihr eigentlich was über Parnaíba bei Wikipedia steht? Ein einziger Satz: Parnaíba ist eine Stadt des Bundesstaates Piauí im Nordosten Brasiliens und hatte im Jahr 2010 etwa 146.000 Einwohner."

„Das klingt doch spannend", antworte ich und meine es auch so, denn was gibt es Schöneres, als in unbekannter Fremde mit einem dreckigen Rucksack zu landen.

Danny sieht das anders und recherchiert sofort hektisch, was man dort machen kann und ob es Hotels gibt. „Wird schon was geben", antworte ich, da Ungewissheit ein berauschender Zustand für mich ist. „Es gibt was!", ruft sie todesglücklich. So unterschiedlich können Vorstellungen von Abenteuerreisen sein!

Danny hatte folgendes herausgefunden: Das eher unscheinbare Parnaíba, am Ufer des gleichnamigen Flusses, ist umgeben von vielen Stränden und vor allem das Einfallstor zum drittgrößten Flussdelta der Welt.

Was sie jedoch nicht gegoogelt hatte: dass Brasilien nach unserer, dann doch 16-stündigen, Anreise gerade sein

Achtelfinale gegen Chile spielt. Am Busbahnhof stehen Taxis und Sammelbusse bereit, aber kein einziger Fahrer sitzt in seinem Gefährt. Fußball ist für Brasilianer wichtiger als Religion und Politik und perfekt dazu geeignet, ein 90-minütiges Päuschen einzulegen. Alle Geschäfte sind geschlossen und das Militär ist außer Kraft gesetzt. Ausnahmezustand mal anders!

Bei 28 Grad und salziger Luft darf ich bereits um 13 Uhr das erste Bier in der Mitropa mit den Jungs ordern. Inmitten der versammelten Bahnhofstruppe schauen wir in angenehmer Atmosphäre eine rasante erste Halbzeit, die 1 : 1 endet.

Sylvie kommt auf die wahnwitzige Idee, in der 15-minütigen Halbzeit eine Unterkunft zu suchen, und überredet einen Mann, auf komplett autofreien Straßen an einen der Strände zu rasen. Der Atlantik ist ein Stück entfernt und als uns weder das erste (zu teuer) noch das zweite Hotel (zu einsam) zusagt, wird der Fahrer allmählich unruhig, weil die Partie der Brasilianer längst wieder läuft. Weil auch die nächste Unterkunft (zu dreckig) am nunmehr dritten Strand nichts taugt, bettelt er regelrecht darum, dass wir zahlen, damit er endlich verduften kann.

Nix da: Nach der Irrfahrt (bei Brasilien gegen Chile steht es weiterhin 1 : 1) landen wir in der „Vila Parnaíba" in der Nähe der Altstadt, in genau jener Pousada, in die wir Jungs von Anbeginn wollten. Zu viel Frauenpower ist manchmal kontraproduktiv!

Die Mädels suchen in der Verlängerung (!) tatsächlich noch weiter, obwohl wir unsere Traumhütten in einem liebevoll gestalteten Garten vor blauem Pool mit großer Bar und Flachbildschirm längst gefunden haben.

„Soll'n se mal alle machen", äffe ich den Spruch eines verschollenen Freundes nach, ordere drei Brahma und setze mich mit Jenna und Erni vor die Kiste. Drei riesige Leguane sind außer uns die einzigen Gäste.

In der letzten Minute der Verlängerung – ein Chilene ballert gerade einen Schuss an die Querlatte der Brasilianer und sorgt damit für Entsetzensschreie – kommen unsere Damen zurück und murmeln: „Okay, wir bleiben!"

„Die Suche hat ja fast nur ein WM-Spiel lang gedauert", lästert Jenna. ‚Und was für eins', denke ich beim Blick auf den Bildschirm.

Als der Elferkrimi beginnt, stellt der Hotelangestellte ungefragt Schnäpse auf den Tisch. Das nun folgende Schauspiel verursacht Ohrenchaos. Wir sitzen in einer ruhigen Runde beisammen, aber aus der Ferne sind Detonationen zu hören, als befänden wir uns in der Nähe eines Kriegsschauplatzes. Hunderte „polnische" Knalltöpfe explodieren. Die Zeit ist zu knapp, um zu schauen, was da eigentlich los ist. David Luiz schnappt sich das Leder ...

Bomben und Granaten verstummen, während im Stadion, aber auch in unmittelbarer Hörweite, „Eu sou Brasilero" erklingt. Gänsehaut überzieht meine Arme großflächig. Als der Spieler den Elfmeterpunkt erreicht, wird es wüstenstill. Luiz läuft an – und versenkt. Knall, bumm, peng – Raketenstart in Cape Canaveral und Baikonur!

Brasilien gewinnt das Herzinfarkt-Drama, nach etlichen Fehlschüssen auf beiden Seiten, mit 3 : 2 und zieht ins Viertelfinale ein. Die zwei Angestellten schreien ihre Freude heraus und ganz in der Nähe breitet sich noch immer eine Druckwelle aus, die mich mit voller Intensität überrollt. Wir gehen dann doch mal schauen.

Letztendlich stellt sich heraus, dass die hiesige Fanmeile nur vier Straßen entfernt – mit Leinwand, Musikbühne, Boxentürmen, Fress- und Getränkeständen – aufgebaut ist. Fast 10.000 Leute tanzen sich dort bei lauter Musik in einen Siegesrausch.

Das ist uns nach der langen Anreise dann doch zu anstrengend, wobei sich nach zwei Stunden Mittagsschlaf nicht viel verändert hat, außer, dass die hin und her flutenden Fans nun noch aufgedrehter und viel betrunkener sind. „Wir sind Brasilien, wir feiern brasilianisch", scheinen sie uns zuzurufen.

Jenna und ich tragen Deutschlandtrikots und werden alle zwei Meter angesprochen: „Final? Brasil – Alemanha?" Beim ersten schüttele ich noch den Kopf, da das die Auslosung gar nicht hergibt, und rufe „Semifinal". Den nächsten zwanzig antworte ich einfach „Sim claro!"

Wir müssen alsbald vor dem spendierten Bier flüchten, um nicht granatenbesoffen unterzugehen. Das momentan laufende Spiel von Kolumbien gegen Uruguay (2 : 0) interessiert dann wieder niemanden, obwohl das ihr Viertelfinalgegner wird.

Wir finden ein Restaurant, in welchem die Fisch- und Garnelengerichte fantastisch schmecken. Allerdings hatte sich der neugierige Erni „Caranguejo toc-toc" bestellt, was sich als Eimer gekochter Krebse entpuppt und mit „Klopf-Klopf-Krebsen" zu übersetzen wäre.

Über zwei Stunden müssen wir warten, bis er mit einem Holzhammer alle Panzer aufgeklopft und aus jedem noch so dünnen Ärmchen – mit den Bewegungsabläufen eines Faultiers – die Fleischanteile herausgesaugt hat. Ein Spaß, während um uns herum noch immer etliche Brasilianer freidrehen. Irgendwann ruft er: „Könnmageen", was ich mit „Wir können jetzt gehen" übersetzen würde.

Welch ein Land! Welch eine Zeit! Am von rauen Felsen umgebenen Leuchtturm-Strand „Pedra do Sal" schauen wir Holland gegen Mexiko (2 : 1), in einer rustikalen Strandhütte, bei einem Caipi, das Elfmeterschießen zwischen Costa Rica und Griechenland (5 : 3). Im Hintergrund reiten Surfer dem roten Sonnenuntergang davon.

Am kommenden Tag spielt Frankreich gegen Nigeria (2 : 0), während wir am „Praia do Coquero" (Strand der Kokospalmen), mit Crepés am Stil in der Hand, zuschauen.

Überall spielen die Menschen Fußball: Kinder, Jugendliche, alte Männer, Frauen und später auch wir. Ich bin im schönsten Land der Erde und es laufen die Achtelfinals einer Fußball-WM. Kann das nicht immer so bleiben? Nein. Schon um 15 Uhr dränge ich zur Rückfahrt, denn das Deutschland-Spiel müssen wir anders zelebrieren.

Jetzt putzen sich sogar die Mädchen heraus. Vermutlich wollen sie den Brasilianern zeigen, dass auch Europäerinnen in voller Montur abgehen können. Froh gelaunt schlendern wir in Trikots zur Fanmeile. Doch was ist im Kneipenviertel „Beira Rio" los? Nichts, gar nichts – null nüscht!

Keine einzige Bar hat um 16.30 Uhr geöffnet und die Bühne ist verwaist. Egal, in unserer Pousada läuft ja auch die Übertragung, aber irgendwie macht es mich traurig. Ein bisschen mehr Euphorie bei der Heim-WM, wenigstens während der K.O.-Spiele, hätte ich von den Einheimischen dann doch erwartet.

Letztendlich entern wir eine Frittenbude namens „Lanchonete Crespo – Route 66". Der Besitzer sieht aus wie Tom

Gerhardt aus der Serie „Hausmeister Krause" und stellt einen klobigen Röhren-TV auf einen der Plastiktische, während Erni etwas lustlos die Deutschland-Fahne davor aufhängt. Hammer-Atmosphäre! In der Halbzeit – es steht noch immer 0 : 0 gegen Algerien – wollen uns zumindest ein paar Dorfkinder als WM-Touristen fotografieren.

Obwohl Krause verschnupft ist und ständig durch die Gegend rotzt, bestellt Jenna einen Hamburger und alle schließen sich an. Danach brauchen wir Schnaps, weil der Wirt in der Küche ununterbrochen und lautstark auf unser Essen genießt hatte.

Das dramatische Spiel in Porto Alegre – Neuer fängt halsbrecherisch etliche Konter der Nordafrikaner schon im Mittelfeld ab – nötigt uns dazu, die Cachaça-Flasche am Tisch anzuketten. Eigentlich alle Deutschen spielen unterirdisch, während der Gegner sein Bestniveau abruft. Tausende Kinder in der Heimat wollen nach dem Spiel sicherlich Torwart werden. Auch wir staunen über das oftmals verwaiste Tor und die Heldentaten von Manu Neuer, dem Libero.

Mittlerweile schreien wir uns die Seele aus dem Leib, sodass sich ein kleiner Trupp neugieriger Einheimischer hinter uns aufreiht. Einen richtig peinlichen Moment liefert unser Team in der 87. Minute. Wahrscheinlich will Müller über den Ball springen, um den Gegner zu verwirren, und Kroos dann schießen lassen, aber er rutscht unelegant weg und sorgt für eine unfreiwillige Slapstick-Einlage, da auch Toni danach zu einem sinnlosen Lupferchen ansetzt. Ach du Scheiße – Verlängerung!

„Noch so ein Spiel halte ich definitiv nicht aus, und wo ist eigentlich Schgodraan?", nuschelt Danny, wobei mir der Satz noch aus dem Ghana-Spiel in den Ohren klingt und Mustafi längst ausgewechselt ist. „Gegen Algerien, wie peinlich, meiner", gibt auch noch Erni seinen Senf dazu.

„Wat willste? Glaubste unter den letzten 16 is jetzt noch 'ne Karnevalstruppe dabei? Tooor!", kreische ich und springe auf wie ein Rumpelstilzchen. Schürrle trifft gleich zu Beginn der Nachspielzeit. Mit der Hacke. Aus vollem Lauf. Als Aufsetzer. Geiles Tor!

„Mann, hätte der nicht drei Minuten vorher treffen können?", ruft Jenna gewohnt nüchtern. Ich atme durch und warte, bis sich mein Puls wieder auf Normalfrequenz runtergefahren hat. Noch fast eine halbe Stunde zittern.

Doch Özil trifft in der 119. Minute zum 2 : 0, wobei kurz darauf das 2 : 1 – und Danny fast in Ohnmacht – fällt. Dann ist das Spiel endlich aus. Ich liege Sylvie glücklich und schweißgebadet in den Armen.

Der weiterhin stark hustende Dieter Krause aus Paranaíba-Kalk spendiert eine Runde hochprozentigen Zuckerrohrschnaps und sorgt somit endgültig dafür, dass wir uns blau trinken – und vermutlich Dengue-Fieber bekommen. „Para Alemanha", röchelt er und prostet uns alkoholblöd zu. Deutschland steht im Viertelfinale gegen Frankreich. Kasalla! Prüfung bestanden!

Rote Vögel

Tatsächlich verreise ich gerne mit Freunden. Allerdings werde ich langsam so alt, dass mir die Pärchen-Urlaube allein mit Sylvie beinahe besser gefallen, weil ich mich dann nicht auf die Macken anderer einstellen oder Kompromisse eingehen muss.

Oft sind wir auf diesen Touren „ein Kopf und ein Arsch", will sagen: Wir könnten Reisen auch allein organisieren und wüssten jederzeit, dass die Pläne im Sinne des Partners wären. Mittlerweile schenken wir einander nichts mehr zu Weihnachten, weil sonst Konzertkarten, Bücher oder CDs doppelt auf dem Gabentisch lägen.

Die diesjährige Truppe ist cool und auch mit den Südamerika-Neulingen verstehe ich mich blendend. Heute nervt jedoch der lange Entscheidungsprozess, um eine popelige Halbtagestour ins Parnaíba-Delta zu buchen. Sylvie nimmt auf jede noch so kleine Befindlichkeit Rücksicht, während ich sofort feststelle, dass die vier Tour-Anbieter, welche Tür an Tür ihre Büros am Porto das Barcas haben, schlichtweg denselben Trip zum Einheitspreis anpreisen.

„Ich mach das jetzt", rufe ich und knalle meine Kreditkarte auf den Tresen. „Cinco pessoa por favor." Das kann Danny gar nicht leiden und auch Sylvie fühlt sich übergangen. Doch wenigstens sie kann ich überzeugen, dass wir in zwei Stunden nichts anderes gebucht hätten – nur um Jahre gealtert wären. Erleichtert flirte ich mit der Dame und bezahle. Pünktlich um 13 Uhr werden wir abgeholt.

Am kleinen Hafen von Porto dos Tatus, der das Einfallstor zum Delta ist, schmeißt uns der Fahrer raus. Gerade werden handtellergroße Caranguejos-Krebse behelfsmäßig in riesigen Bündeln zusammengebunden und lebend per Moped in die Stadt zu den „Klopf-klopf-Restaurants" transportiert.

Schon oft hatte ich erlebt, dass sich Guides in Brasilien lustige Namen geben. Mit „Sokrates" sind wir nach fünf Minuten auf einer Wellenlänge, denn seine Tour-Vorbereitung besteht darin, eine Kühlbox mit Eis zu befüllen und uns danach in einen Shop in Richtung der Bierregale zu leiten. Erst als die letzte der 30 Dosen verstaut ist, kann es losgehen.

Die strahlendweiße „Iguana" ist ein komfortables Boot mit ausfaltbarem Sonnendach und nun auch mit eingebautem Kühlschrank. Schon nach zwei Minuten sehen wir kein Gebäude mehr und befinden uns inmitten eines dichten Mangrovenwaldes.

Hinter mir zischt eine Bierdose auf. Vogelschwärme erheben sich kreischend, während tausende Krebse hektisch die schlammigen Hügel erklimmen. Unser Tour-Philosoph spricht einen vorzüglichen Sprachenmix, sodass wir uns alle Informationen halbwegs zusammenreimen können.

Die 85 Inseln des Deltas liegen über eine Fläche von 2.700 Quadratkilometern verstreut und der Rio Parnaíba teilt sich zum Schluss in fünf Arme, deren Wasser in den Ozean mündet. Es ist eine der schönsten Naturstrukturen des Planeten.

Wir schippern durch ein furioses Labyrinth von Nebenarmen und Inseln.

Alle fünf Minuten ändert sich die Landschaft dramatisch. Wir passieren große Flüsse, Naturkanäle und breite Lagunen, sehen gigantische Dünen und Strände mit schneeweißem Sand – und das alles eingebettet in grünen Mangroven-Dschungel.

Wir sehen träge Kaimane, Leguane, Schlangen, Kapuzineräffchen und schlammige Krebse in einem Wirrwarr luftiger Stelzwurzeln. Etliche Störche, Kormorane und Reiher gleiten vorbei. Nur der immense Fischreichtum bleibt uns verborgen.

Sokrates klaut aus einem Fischernetz ein paar Garnelen und Austern, die er in die entstandenen Löcher der Kühlbox packt. Bei einem kalten „Cerveja Lata" erzählt er zudem Geschichten von Gespenstern, sprechenden Fischen und alten Fischern, die nie mehr von ihrer Ausfahrt aufs Meer zurückkehrten. Dann lässt er uns an einem matschigen Strand aussteigen. Eine Stunde sollen wir uns dort die Beine vertreten. Würmer und riesige Schaben krabbeln uns die Waden empor und ein Geschwader von Monster-Mücken durchschwirrt die stehende Luft.

Es werden die vielleicht schönsten (zwei) Stunden der bisherigen Brasilienreise, denn nachdem wir uns durch den knietiefen Modder gekämpft haben, erwartet uns eine Landschaft, die mir den Atem verschlägt.

Rechts und links erstreckt sich noch immer der tiefgrüne Dschungel und davor recken sich die Stämme gigantischer Carnaúba-Palmen, aber auch ein paar, wie Spargel aussehende, Babacu-Palmen vor der Buschsteppe in den Himmel.

Kurz dahinter liegen bizarre Dünenformationen, welche türkisfarbene Süßwasserseen in ihren Tälern beherbergen. Und als wäre das nicht schon Naturspektakel genug, glitzert in der Ferne ein dunkelblauer Atlantik hinter feinsandigen Traumstränden. Welch eine Farbenorgie!

Wir sind die einzigen Menschen und fühlen uns wie die

Einzigen auf dem Planeten. Es ist unfassbar still und zum Weinen schön. Alle laufen weit voneinander entfernt durch das Wunderland. Erni winkt aus der Ferne, doch erst als ich bei ihm bin, sehe ich, dass er eine riesige Meeresschildkröte entdeckt hat, die einmal mehr die Unberührtheit dieses Fleckens Natur bezeugt.

Nachdem uns Sokrates am Boot eigenhändig die schlammigen Füße wäscht, serviert er vorzügliche Austern mit Limettensaft zum Sonnenuntergangs-Bier. Sensationell! Ohne Rücksicht auf das Verpassen irgendwelcher Achtelfinals buchen wir einen weiteren Trip bei ihm. Er hatte uns die ganze Zeit von roten, weissagenden Vögeln vorgeschwärmt. Die wollen wir morgen sehen!

Auch der zweite Ausflug startet unter den gleichen Vorzeichen: Wir haben kühles Bier dabei und sehen traumhafte Naturlandschaften im unberührten Mangrovengürtel zusammen mit einem Typen, den man ununterbrochen herzen möchte.

In der Abenddämmerung ankern wir vor einer fast kreisrunden Insel. Dort sollen Guarás (rote Ibisse), die nur im nördlichen Südamerika und in Trinidad vorkommen, ihr Nachtquartier aufschlagen.

Ich weiß, dass Guarra (mit einem „r" mehr) auf Spanisch „Schlampe" heißt, doch weder die Vögel noch die Damen tauchen auf. An Bord gibt es allerdings Getränke und einen Gute-Laune-Geschichtenerzähler. Sokrates erklärt, dass wir uns die Anzahl der ersten, im Formationsflug ankommenden Sichler genau merken sollen, da diese Kinder- und Enkelzahlen, Lotto- und Fußballergebnisse oder zu verbleibende Lebensjahre vorhersagen können.

Wir einigen uns auf das Ballspiel und fast auf ein 0 : 0, weil sehr lange rein gar nichts geschieht. Eine einsame Möwe segelt über uns hinweg. „Okay, wenn wir in weiß spielen, gewinnen wir 1 : 0", murmelt Jenna.

„Guckt mal da rüber, wie krass ist das denn?", ruft Danny plötzlich. Aus der Ferne segelt uns eine Gruppe leuchtendroter Vögel entgegen. Im Licht der versinkenden Sonne wirken sie fast neonpink. Als sie an uns vorbeigleiten, krakelt Jenna: „Und wenn wir in Rot spielen, also 7 : 0?" Es sind sieben knallrote Ibisse.

„Nee meiner, 7 : 1, da kommt noch ein einsamer Genosse", nuschelt Erni, wobei ich weder das eine noch das andere Ergebnis mit den noch ausstehenden Spielen in Verbindung bringen kann. „7 : 1. Klingt realistisch!", antworte ich dennoch lächelnd.

Sokrates nickt, nachdem ich es ihm erklärt habe, denn er glaubt fest an das Orakel.

„Okay", sage ich. „Costa Rica ist ja auch noch in der WM-Verlosung."

Kurz danach gibt es nur noch Handball-Ergebnisse. Der verschwenderische Himmel verfärbt sich rot und alsbald auch die ehemals grüne Insel. Hunderte Ibisse sind nun gelandet. Dieses Wunder der Natur sprengt jegliche Vorstellungskraft. Brasilien kann einen immer wieder umhauen.

„Kleine Bierkrise, würde ich meinen", ruft Sylvie mit leuchtenden Augen und krallt sich die letzte Dose. Leider müssen wir nun zum Hafen zurückkehren.

WM-Fieber

Man sagt ja: „Wenn es am schönsten ist, sollte man gehen."
Ich mag diese Redewendung nicht und hielt mich im Leben
nur selten daran. Die englische Entsprechung: „One should
leave off with an appetite", ist ebenso Quark, denn was soll
denn jetzt fußballtechnisch noch Besseres kommen, als eine
Fußball-WM in Brasilien? Genau. Nichts!
Dummerweise ist unsere Reise im Vorfeld so geplant gewesen, dass wir nach dem Viertelfinale die Heimreise an-
treten müssen. Während mein Freund Trueman gerade auf
dem Weg nach Rio ist, um das Spiel gegen die Franzosen
vor Ort zu zelebrieren, werden wir wieder einmal nicht im
Stadion, sondern nur auf dem Fanfest in Recife sein - wenn
überhaupt ...

Der Flieger, der uns aus Parnaíba herausholen soll, kommt
nämlich nicht. Nach drei Stunden heißt es, dass wir per Bus
ins 400 Kilometer entfernte Fortaleza gekarrt werden sollen, wo es Anschlussflüge gebe.
Wir sitzen schon in der Klapperkiste, als diese an einem
schäbigen Restaurant plötzlich stoppt, da neue Gerüchte
laut werden: Das Flugzeug sei doch im Anflug.
Also Kommando zurück und nochmals vier Stunden an
Gate A warten (es gibt nur Gate A), um gegen Mitternacht
endlich in Fortaleza – natürlich ohne Anschlussflug – zu landen. Brasilien spielt in 17 Stunden sein Viertelfinale gegen
Kolumbien genau in dieser Stadt. Wir bekommen nicht einmal Hotelzimmer.

Weil es auch keine freien Sitzmöglichkeiten am chaotisch
überfüllten Terminal gibt, lungern wir bis früh um 7 Uhr auf
arschkalten Fliesen herum, bevor es endlich weitergeht und

wir gegen 11 Uhr – nach lediglich 23 Stunden Anreise – in Recife landen. Dort können wir nun auch auf unser zuvor gebuchtes Hotel verzichten, weil der Anstoß bereits um 13 Uhr erfolgt. Wir packen unsere Rucksäcke in Schließfächer am Flughafen und fahren an den Strand.

Jetzt heißt es, kurz die dicken Waden im haiverseuchten Meer sowie die Gemüter mittels Brahma abkühlen und die Kopfbatterien nach den dornenreichen Stunden wieder aufladen.

Wenngleich zwei meiner Mitstreiter während der gesamten Tortur in Panik waren, dass wir den Heimflug nicht pünktlich erreichen werden, sehe ich am Strand von Boa Viagem einige Dinge plötzlich glasklar. Was würde eigentlich geschehen, wenn wir diesen wirklich verpassen? Ich müsste mich bei meinem, sich während der WM zumindest minimal für Fußball interessierenden, Chef melden und ein paar Urlaubstage (im Sommerloch) beantragen. Einige hundert Euro mehr würde der Trip kosten. Mein Arsenal an Ausreden bröckelt. ,Wenn es am schönsten ist, sollte man bleiben', rede ich mir ein, ohne es laut auszusprechen. Mein eingenicktes Mädchen schreckt hoch und ruft: „Wir müssen los, oder?"

Fußball ist für mich insofern faszinierend, weil er eine Euphorie auslösen kann, für die man sonst harte Drogen bräuchte. Da ist plötzlich dieses Sausen im Kopf, dieses krasse Gefühl, lebendig zu sein. Als wir Recife Antigo nach zwei Tagen ohne Schlaf erreichen, spüre ich in meinen Adern drei Linien Kokain pulsieren, obwohl dort nur ein, zwei Bier wabern. Gut, wir reden auch nicht von einem langweiligen Freundschaftsspiel, sondern vom Viertelfinale der Fußball-WM mit deutscher Beteiligung.

Auf dem Fanfest sind viel mehr Menschen als bei der Partie gegen Portugal unterwegs. Etwa 400 Deutsche und 200 Frösche in enganliegenden, blauen Trikots trinken sich Mut an, aber auch hunderte Einheimische sind bei 32 Grad, im nicht vorhandenen Schatten, da. Wahrscheinlich, weil ihr Team direkt im Anschluss spielt.

Einige brasilienbraune Schönheiten haben sich sogar schwarz-rot-goldene Fahnen auf die Wangen gemalt. Später erfahre ich, dass sie Deutsch an der Uni lernen und deshalb unser Team unterstützen. ‚Ist jetzt eigentlich unser Land oder das Team angesagt?', frage ich mich, während Erni beinahe das angeschleppte Bier verschüttet beim Betrachten der lächelnden Schönheitsköniginnen im Minirock.

Trueman schickt mir eine SMS aus dem Maracanã in Rio: „Bin drin, alles in Butter. Auf geht's, Deutschland schießt ein Tor". Auch nicht schlecht. Neid!

Mats Hummels köpft nach einer Flanke von Toni Kroos in der 12. Minute das 1 : 0 unter die Latte und lässt und uns zu kleinen Kindern auf Hüpfburgen mutieren.

Danach heißt es 80 Minuten lang zittern, obwohl wir heute nicht die Eisbahn in der Mall nebenan betreten. Unser Team spielt nicht schön, aber abgeklärter als gegen Algerien. Doch Frankreich gelingt es leider zu oft, den Ball zielstrebig in unsere Gefahrenzone zu bringen. Benzema treibt uns, aber auch die anwesenden Franzosen, fast in den Wahnsinn. Kaum zu fassen, dass Manuel Neuer in der Nachspielzeit nach seinem Dynamitschuss den rechten Arm so schnell nach oben reißen kann und uns damit den Einzug ins Halbfinale sichert.

„La Boum! Die Party geht weiter!", ruft Jenna lässig und Erni startet seine berühmt-berüchtigte Polonaise. Die

Deutschland-Gewogenen schließen sich an und rocken die Altstadt von Recife bis zu dem Augenblick, als alle in ungläubigem Staunen erstarren. Mit lautstarker Fanfarenmusik marschieren elf brasilianische Riesen ein, gefolgt von tausenden Menschen in kanariengelben Nationaltrikots. Die fünf Meter hohen Figuren, geschultert von normalen Menschen, bilden die Vorhut zum anstehenden Viertelfinale. Eine Volksfest-Tradition aus Olinda hat soeben Recife erreicht, denn die Riesenfiguren aus Holz, Pappmaché und Ton prägen den dortigen Karneval seit hundert Jahren. Wenn sonst vor allem Politiker mittels der Figuren verspottet werden, sind es diesmal WM-Stars, denen man huldigt. Fantastisch, wie realistisch und lebensnah die Gesichter aussehen, wobei ich von den Giganten nur Pelé, Neymar, Scolari, Fred und David Luiz erkenne. Und den „Beißer" Luis Suàrez, welchen sie als Vampir dargestellt haben. Die Stimmung inmitten der tanzenden Meute ist grandios.

Wir Deutschen und die Franzosen waren ja regelrecht introvertiert, im Vergleich zu dem, was jetzt abgeht. Aber nach fünf Bieren in der prallen Sonne feiern besonders Erni und ich gehörig mit und drücken Pelé und Neymar die Deutschlandfahne in die schlaffe Hand. Weil die Typen unter ihren Figuren nichts sehen können, entstehen so einzigartige Fotos. Brasilianische Frauen wollen sich zudem mit uns und der Flagge ablichten lassen, als Beweis für die WM ihres Lebens in ihrer Heimatstadt. Wir trinken gemeinsam Bier aus Riesendosen – gefüllt mit Adrenalin und Endorphinen.

Leider wollen meine Freunde und Sylvie das Spiel nicht auf dem Fanfest verfolgen, sondern dem Tollhaus mit einem eleganten Abgang entfliehen, um etwas zu essen. Einige Ecken weiter kehre ich in eine Open-Air-Kneipe ein, setze mich vor die Leinwand und rufe: „Ihr wisst ja, wo ihr mich findet!"

Nach Rückkehr der Hungrigen – das rasante Spiel hat längst begonnen – macht Sylvie aus der Ferne Fotos. Mittlerweile sitze ich im Deutschland-Trikot ganz allein inmitten von gelb-grün-blau gekleideten Heißblütern und habe eine „GOAL-Brille" auf, die mir jemand geschenkt hat. WM-Fieber!

Brasilien gewinnt 2 : 1 und ist somit unser Halbfinalgegner. Neymar wurde böse gefoult und rausgetragen, was mir ein bisschen Hoffnung macht, denn er ist zurzeit deren einziger Weltklassespieler. Ohne den großen Volkshelden und den gesperrten Kapitän Thiago Silva wird das Halbfinale noch immer hart, aber machbar sein.

Nach der Partie umarmen mich etliche Menschen herzlich, in der Gewissheit, dass ich (!) nun der nächste Gegner bin. Mir kommen fast die Tränen.

Verdammt, die WM 2014 in Brasilien ist vielleicht die Schatztruhe meines Lebens als Fußballfan und ich gehe damit um, als gäbe es Hunderte solcher Chancen.

Gehen oder bleiben?

TEIL 3 – Die Entscheidung

Belo Horizonte

Eine Fußball-WM endet nicht mit dem Viertelfinale! Im Flughafenterminal – drei Stunden vor Abflug in die Heimat – erhalte ich von Trueman eine SMS: „Habe Tickets fürs Halbfinale! Hätte auch eins für dich!" Ich bin sofort von minus 10 auf 180 Plus. ‚Jetzt kann ich wirklich keine Ausrede mehr gelten lassen', denke ich.

Das Büro unserer Fluggesellschaft TAP ist geschlossen, aber ‚Scheiß doch auf das Geld', krakelt es in meinem Hirn. ‚Da muss ich mir eben ein neues Rückflugticket kaufen und in meiner Firma ein paar Dinge erklären. Du lebst nur einmal!'

Mit Sylvie muss ich natürlich reden. Ich stelle mich auf eine lange Diskussion ein, doch mein liebstes Mädchen flüstert völlig übermüdet: „Aber pass auf dich auf und holt das Ding dann wenigstens auch!" Was für eine fantastische Frau. Mit dem „Ding" meint sie den WM-Pokal, und auch Danny, Jenna und Erni nehmen mich in den Arm. Sie gönnen mir das Spiel, freuen sich aber darauf, die Partie vor dem „Rockz" bei Mölle auf einer Leinwand mit Freunden in Berlin zu schauen.

Ich schreibe Trueman zurück: „Bin dabei! Wann und wo treffen wir uns? Was kostet die Karte eigentlich? Bis bald. Belo Ciao!"

Dann fahre ich mit einem Taxi in das Hotel in Recife, welches wir eigentlich für gestern gebucht hatten. Sie haben noch freie Zimmer und so gönne ich mir den Luxus, zwei Nächte für jeweils 80 € mit Meeresblick-Balkon zu buchen.

Trueman hat geschrieben: „Treffen am Montag in Belo Horizonte. Wir haben schon ein Apartment. Das Ticket kostet 600 €. Vamos!" Wer „wir" sind, ist mir momentan egal. Ich gehe freudetrunken ins Bett und schlafe zwölf Stunden tief und fest durch.

Um 13 Uhr esse ich auf der Fanmeile einen Garnelen-Burger zum Frühstück und schaue mir das Viertelfinale zwischen Argentinien und Belgien ohne Bierdurst an.

Es sind überraschenderweise mehr Belgier anwesend, aber in Salvador scheint das Stadion vor argentinischer Leidenschaft gerade abgerissen zu werden.

Von den 68.000 Zuschauern sind sicher 60.000 aus Argentinien. In der Bahia-Stadt sollen sich über 100.000 von ihnen aufhalten, erzählt mir ein Belgier, der deswegen kein bezahlbares Ticket mehr bekommen hatte.

Aber die Gauchos werden gequält, denn obwohl Higuaín schon in der 8. Minute trifft, ist die Albiceleste, um Superstar Messi, die restliche Spielzeit nur damit beschäftigt, das knappe Ergebnis über die Zeit zu retten.

Danach gehe ich in ein Reisebüro und buche für 86 Euro einen Flug über Salvador nach Belo Horizonte am Montag.

Um 17 Uhr ist das Viertelfinalspiel der Niederlande gegen Costa Rica, welches stimmungsmäßig und spielerisch das schlechteste ist, welches ich in Recife sehe.

Es endet folgerichtig mit 0 : 0 nach Verlängerung. Im Elfmeterschießen gewinnt unser geografischer Nachbar, der damit im „unwichtigen" Halbfinale in Sao Paulo auf Argentinien treffen wird.

Den Sonntag verbringe ich entspannt am Haifisch-Strand von Recife und unter dem Sonnenschirm meines Balkons. Dort fällt mir zum ersten Mal auf, dass Recife wahrscheinlich mehr Wolkenkratzer als Frankfurt a. M. hat und am

Meer an Miami erinnert, wären da nicht die Favelas in unmittelbarer Nähe.

Am Abend gehe ich in ein schickes Restaurant an der Promenade und bestelle mir spontan „Camarao na Moranga", was sich als ein mit Garnelen gefüllter ganzer Kürbis herausstellt. Die zwei Tage ohne meine Freunde haben mich nicht gerade umgebracht. Die sind derweil gut in Berlin gelandet. Sylvie sendet einen Kuss.

Beim Einchecken am Flughafen geschieht etwas Unerwartetes. Hinter mir kreischen plötzlich zwei junge Frauen ultralaut auf. Bis ich gemerkt habe, was geschehen ist, vergehen Minuten. Aus meinem Rucksack war eine riesige, schwarze Kakerlake entfleucht, welche nun aufgeregt über die Fliesen des Terminals wetzt.

Wahrscheinlich habe ich sie als blinden Passagier aus Paranaíba eingeschleppt, da wir die zigarettenschachtelgroßen Insekten dort öfter mal verscheucht hatten. Wie peinlich! Hoffentlich sind nicht noch mehr dieser Viecher in meinen Sachen.

Die ehemalige Goldgräberstadt Belo Horizonte ist heute mit knapp 2,5 Millionen Einwohnern eine der größten Städte Brasiliens und wird morgen beim Halbfinale der WM 2014 zwischen Brasilien und Deutschland die Hauptstadt der Welt sein.

Bei angenehmen 24 Grad nehme ich ein Taxi und zeige dem Fahrer die angegebene Adresse. Fast alle Straßen, die im Schachbrettmuster erbaut wurden, sind geflutet mit gut gelaunten Menschen im gelben Nationaltrikot. ‚Die werden ja wohl nicht alle ins Stadion wollen', denke ich kurz.

Angekommen im Apartment, begrüßt mich ein euphorischer

Trueman und drückt mir sofort ein eiskaltes Brahma in die Hand. Seine Freunde, die uns morgen ins Stadion begleiten werden, sind Brasilianer, die er bei einem Auslandssemester in den USA kennengelernt hatte. Sechs Jungs sind gerade unterwegs. Nur Davi und Mauro, die mit in unserem Zimmer schlafen, sind da. Sie gehören eher zur Oberschicht und ich komme mir mit meinem verdreckten, mit Kakerlaken verseuchten Rucksack in dem edlen Etablissement vor wie einer aus der Ostberliner Unterschicht.

Egal, meine Deutschlandtrikots und die Unterwäsche sind gewaschen und wir haben ja dasselbe Ziel: Wir wollen Weltmeister 2014 werden. Das müssen wir heute feiern.

Wir befinden uns im Kneipenviertel Savassi, das nach einer Bäckerei am Hauptplatz benannt ist. Es ist ein lebendiger Ort, mit Brasilienflaggen an jeder einzelnen Häuserzeile. Nach zwei Bieren in einer Bar im Stehen fahren wir nach Belvedere ins „Krug Bier", wo die restliche Bande wartet.

Die österreichische Kneipe mit brasilianischem Flair bietet Platz für über 500 Gäste, aber Trueman hat einen Tisch reserviert, denn sie platzt gerade aus allen Nähten. Erstmals sehe ich in Belo Horizonte, dass auch etliche Deutsche den Weg zum Halbfinale geschafft haben. Sie dominieren hier sogar die Lautstärke und bestimmen das Liedgut. Ich esse ein Filet Mignon mit Pommes und trinke das wahrscheinlich beste Fassbier Brasiliens. Es werden im Laufe des Abends noch viele „Krug Biere" geschlürft, während ich mich mit Trueman, Davi und Mauro über die bisherigen Fußball-Abenteuer austausche.

Das Frühstück am nächsten Morgen wird ein deftiger Bohnen-Okra-Fleisch-Eintopf zur Mittagszeit in Savassi, bevor wir unsere Gemüter alsbald mit eiskaltem Bier herunter-kühlen. Drei Stunden vor Spielbeginn machen wir uns zu Fuß auf den Weg zum Stadion, um die prickelnde Atmosphäre in den Straßen aufzusaugen. Wir sind die einzige gemischte Truppe. Davi, Mauro und die anderen sechs Jungs tragen stolz ihr Nationaltrikot, während Trueman das weiße Heim- und ich das schwarz-rote Auswärtstrikot der Deutschen anhaben, welches unsere Mannschaft heute auch auf dem Platz präsentieren wird. Unfassbar viele Menschen, vor allem junge Frauen und Kinder, wollen sich mit uns beiden vor der Partie fotografieren lassen. Besonders an einer künstlich errichteten Lagune neben dem Mineirão, wie das vor der WM komplett renovierte Stadion genannt wird, werden wir regelrecht bestürmt für Erinnerungsbilder.

Das beglückende Gefühl, „wirklich drin zu sein", hatte ich ja bereits in Fortaleza, aber heute, bei einem WM-Halbfinale, ist es noch einmal etwas ganz Besonderes. Alle Härchen meines Körpers stellen sich schlagartig auf.

Wir und Davi und Mauro haben Tickets im Deutschland-Block, der schon prall gefüllt ist. Noch ist es dort eher ruhig. Es ist für viele eben kein „Die-hauen-wir-weg-Spiel", sondern ein „Mir-geht-der-Arsch-sowas-von-auf-Grundeis-Spiel". Gegen das Heimteam vor einer ekstatischen Kulisse, die sicherlich schon bei der Nationalhymne explodiert, wird es kein leichter Weg.

Trueman fragt: „Mark, was tippst du eigentlich?" Ich antworte lächelnd: „Also rote Ibisse haben mir ja ein 7:1 vorhergesagt, aber ein 2:1 würde ich unterschreiben." Trueman grinst, reicht mir einen neuen Bierbecher und sagt: „Bei 'nem hohen Sieg kommen wir hier nicht mehr lebend raus. Bei einem 2 : 1 nach Verlängerung könnte das noch gelingen. Prost du Sack!"

„... Terra adorada. Entre outras mil. És tu, Brasil. Ó Pátria amada! Dos filhos deste solo. És mãe gentil. Pátria amada. Brasil!" Bei der brasilianischen Nationalhymne explodiert das Stadion tatsächlich in ohrenbetäubender Lautstärke.

Das Jahrhundertspiel

In Belo Horizonte ertönt der Anpfiff! Die ersten Minuten erlebe ich wie im Delirium. Zu Beginn kontrolliert der Gastgeber die Partie. „Wir sind Brasilien und spielen brasilianisch", geben sie der Welt zu verstehen. Auch die Geräuschkulisse im Stadion überfordert mich. Mein Sinne-Akku scheint endgültig aufgebraucht zu sein. „Brasil, Brasil", dringt es, wie durch einen Schleier, von den Tribünen zu mir durch.

Doch in der 11. Minute breitet sich plötzlich ein urgewaltiger Schrei in unserem Block wellenartig aus. Führung durch Thomas Müller, der den Ball, nach einer Ecke von Kroos, ins Tor des Gegners zimmert. Deutschland im Ausnahme-, Brasilien im Schockzustand! Wir drehen durch!

Mit Trueman teile ich die Reihen vor uns, wie Moses das rote Meer, obwohl dieses heute eher aus schwarz-weiß bekleideten Menschen besteht. Es liegen allerdings noch krasse 80 Minuten vor uns und die Seleção investiert nun noch mehr in ihre Offensivbemühungen. Zunächst gelingt ihnen zum Glück jedoch nicht viel, außer schülermäßigen Fehlpässen und überhasteten Abschlüssen.

In der 23. Minute scheitert Miro Klose zunächst am Torwart, bringt den Abpraller dann aber gekonnt im Kasten unter. „Ich fass es nicht!" Der Satz wird erstmals an jenem Abend in den Nachthimmel gebrüllt. Der kollektive Schrei ist noch lauter als der zum Führungstreffer, da ein 2:0 schon eine Hausnummer ist. Trueman versucht zu mir durchzudringen: „Miro ist jetzt alleiniger WM-Torschützenkönig", verstehe ich. „Hauptsache, er wird auch Weltmeister!", brülle ich ferngesteuert zurück.

Die folgenden Augenblicke sind mit Worten kaum zu beschreiben, oder zumindest nicht von mir, weil ich sie wie im Zeitraffer und niemals in Echtzeit-Geschwindigkeit erlebe. Knall: 3 : 0 durch Toni Kroos. Bumm: 4 : 0, wieder der eiskalte Greifswalder. Peng: 5 : 0 durch Sami Khedira. Deutschland führt in Brasilien! Gegen Brasilien! Im WM-Halbfinale! Zur Halbzeit! Mit 5 : 0!

Das Wechselbad der Gefühle muss ich erstmal verarbeiten. Vom impulsiven Jubel über ungläubiges Klatschen bis hin zu „vor Schreck die Hand vor den Mund halten" ist gerade alles – in den verrücktesten Minuten der deutschen WM-Geschichte – komprimiert dabei. Ein Typ, der neben uns stand, verpasst zwei Tore, weil er Bier holen war, und denkt tatsächlich, dass von einem Tor die Wiederholungen in Endlosschleife auf der Videoleinwand gezeigt werden.

Bis auch er endlich begreift: Es steht nun schon fünf zu null. Ich weiß nicht, wie viele Rekorde soeben gebrochen wurden, ahne aber, dass es viele sind. „Was ist denn hier los?", ist die meistgestellte Frage in unserem Block.

Zunächst hatte Kroos in der 24. Minute nach Flanke von Lahm, die Müller passieren ließ, per Direktabnahme mit dem Außenrist zum 3 : 0 getroffen. Seinen zweiten Treffer erzielte er kurze Zeit später nach Doppelpass mit Khedira. Danach erhöhte Khedira in der 29. Minute nach Zuspiel von Özil zum Halbzeitstand von 5 : 0. All das realisiere ich langsam. Kaum war der Jubel über das letzte Tor etwas abgeklungen, fiel schon das nächste.

Während wir die Becher aneinanderdrücken, verlassen im „Schönen Horizont" bereits hunderte brasilianische Zuschauer das Stadion. Und wo sind eigentlich Truemans

Freunde Davi und Mauro?

Dann lese ich eine SMS von Sylvie: „Wir haben Trueman und dich gerade im TV im Stadion gesehen". Ich zeige meinem Freund die freudige Nachricht und wir singen gemeinsam hüpfend: „Rio de Janeiro ohohohohooo". Im Rest des Stadions herrscht Begräbnisstimmung. „Finale ohooo!", wird von unserer Seite angestimmt.

In der Pause ist Zeit, dass soeben Erlebte sacken zu lassen. Ich denke an Erni, der im „Rockz" wahrscheinlich gerade eine legendäre Polonaise durch die Simon-Dach-Straße initiiert hat. Ich schließe mich virtuell an, denn wahrscheinlich ist gerade die einzige Möglichkeit zu pinkeln, um keine weiteren Tore zu verpassen.

Dennoch: In meinem Herzen gibt es – neben all der Euphorie – auch ein Gefühl, das im Fußball eigentlich nichts zu suchen hat: Mitleid. Und nicht erst, als sie den pummeligen Jungen auf der großen Videoleinwand zeigen, der sich die Brille hochschiebt, um seine vergossenen Tränen abzuwischen! Das war beklemmend. Zu sehr habe ich die Gastgeber in den letzten Monaten lieben gelernt.

Als ich von der Toilette komme, ist unser Bereich an zwei Seiten von Polizisten abgeriegelt. Trueman klärt mich auf, dass einige Brasilianer den Block gestürmt und ein paar Backpfeifen und Kopfnüsse verteilt haben. Okay, Idioten gibt es überall!

Nach dem Wiederanpfiff erarbeitet sich Brasilien zwei Chancen. Sie scheitern jedoch an Manuel Neuer, dem man anmerkt, dass auch bei diesem Spielstand die Null hinten stehen soll. Ich hingegen wünsche mir: ‚Manu, lass bitte einen Ball rein, meinetwegen auch ein Eigentor, damit die Tragödie für die Gelb-Grün-Blauen ein wenig erträglicher

wird.' Noch nie habe ich einem Gegner so sehr ein Tor ge-
gönnt.

Nein! Der für Klose eingewechselte Schürrle trifft zum
6 : 0 und zehn Minuten später sogar noch einmal. „Wenn
die Brasilianer jetzt nicht völlig geschockt sind, werden wir
heute ordentlich eine auf die Fresse kriegen", rufe ich Trueman zu.

„Gol da Alemanha" (Tor für Deutschland) – wie furchtbar
muss dieser Satz im Brasilianischen TV mittlerweile klin-
gen. Bei seinem ersten Treffer brauchte Schürrle den Ball,
nach Querpass von Lahm, nur noch einzuschieben. Beim
7 : 0 (!) hämmerte er das Ding, nach Zuspiel von Müller, in
vollem Lauf an die Unterkante der Querlatte, von der er ins
Tor prallte. Leider geil. Ein Gefühl macht sich breit: Schock-
freude.

„Ach du Scheiße", ruft Trueman, wobei auch er sich ein Lächeln nach dem Traumtor nicht verkneifen kann. Seine brasilianischen Freunde haben sich längst verzogen, aber im
Stadion bejubeln mittlerweile tausende Einheimische minutenlang jeden deutschen Ballkontakt mit einem zynischen
„Olé" und pfeifen ihr kopfloses und in sich zusammengefal-
lenes Team gnadenlos aus.

Nachdem Özil – nach Zuckerpass von Draxler – das 8 : 0
nur knapp verpasst, gelingt Oscar in der 90. Minute wenigstens noch der Ehrentreffer. „Wie krass. 7 : 1. Ich fass es
nicht", höre ich aus allen Richtungen rufen, als der Abpfiff
des epochalsten Spiels der deutschen Fußballhistorie ertönt.

Zuerst dürfen die noch verbliebenen Heimfans das Stadion verlassen. Wir werden währenddessen eingesperrt.
Der lange Weg zum Ausgang ist dennoch kein einfacher.

Tausende Brasilianer sind noch immer vor Ort und ich erlebe sie ganz unterschiedlich. Ein älterer Herr legt mir, wohl aus Respekt, seine Hand auf die Schulter und beginnt dann hemmungslos zu weinen, ein anderer will sogar sein Trikot mit mir tauschen. Es gibt aber auch eine Gruppe pöbelnder Typen, die aggressiv die Fäuste ballen und „Filho da puta" und „Chupa meu pau" rufen, was in etwa „Hurensohn" und „Schwanzlutscher" bedeutet. Das erfahre ich aber erst am kommenden Tag, als Davi und Mauro überhaupt wieder mit uns sprechen.

Mit Trueman fahre ich ins „Krug Bier", wobei es auch dort zu etlichen Rangeleien mit frustrierten Einheimischen kommt. Wir trinken so viele Biere und Schnäpse, dass ich irgendwann die, sicherlich längst ins deutsche Gedächtnis eingebrannte, Frage: „Wo warst du an jenem Tag?", nicht mehr so richtig beantworten kann. Belo Ciao!

Erst am nächsten Morgen realisiere ich mit schwerem Kopf, was gestern geschehen war: Sokrates aus dem Paranaíba-Delta hatte mit seinem Orakel der „roten Vögel" also recht behalten. Halbfinale der Fußball-WM 2014 in Belo Horizonte, Deutschland gegen Brasilien: Sieben! Zu! Eins!

Truemans Kolumne

Sag mal bitte, was war das denn für ein WM-Halbfinale? Ob man es nun im Stadion, auf einer Fanmeile, im Pub, oder zu Hause erlebt hat, spielt dabei kaum eine Rolle. Für Millionen deutsche Menschen war es das (!) Fußballspiel ihres Lebens – ein kollektiver „Wo-war-ich-damals-Tag". Wir haben uns zeitlose Erinnerungen erschaffen und ich war beim 7 : 1 in Belo Horizonte sogar mit Mark und meinen brasilianischen Freunden live vor Ort. Da ich oftmals etwas vergesslich bin, muss ich meine Gefühle wenigstens für meine Kinder festhalten. Seit zwei Tagen denke ich sogar: Vielleicht kann ich ihnen den Sinn des Lebens anhand eines Fußballspiels erklären.

Zurzeit befinde ich mich in Rio de Janeiro und eines steht fest: Die Argentinier sind unglaubliche Fanatiker. Hunderttausende laufen durch die Stadt und singen überall, in jeder Straße, an jedem Strand, in jedem Park, früh, mittags und nachts, dass Maradona viel besser als Pelé ist. Die nächste Schmach für die Brasilianer nach dem Deutschlandspiel. Ihre südlichen Nachbarn sind nicht immer fair, aber – objektiv gesehen – schon jetzt Fan-Weltmeister!

Doch wer ist schon immer fair? Die deutschen Fans etwa? Als wir nach dem Spiel die gebückten Gegner im Mineirão-Stadion nachgestellt haben und sangen: „So geht Brasilien, Brasilien das geht so!", war das nicht ganz korrekt.

Haben wir es gemacht, weil brasilianische Fans nach dem 5 : 0 in unseren Block gestürmt sind und begonnen haben, uns ins Gesicht zu schlagen? Das glaube ich nicht. Ich weiß nicht einmal, ob es der (mit viel mehr Deutschen besetzte) Oberrang mitbekommen hat. Die Bullen schritten ein und riegelten ab.

Erst zwei Stunden nach Abpfiff durften wir das Stadion mit Polizeischutz verlassen. Die gehörige Tracht Prügel wurde den Einheimischen auf dem Spielfeld verabreicht. Und von uns, als wir aufsprangen und in aufrechter Jubelpose sangen: „So geh'n die Deutschen, die Deutschen, die geh'n so!"

Die Rückfahrt mit meinen brasilianischen Freunden und Mark war sehr ruhig. Nein, anders: Es herrschte Grabesstille. Um genau zu sein, wurde mit uns beiden bis zum nächsten Tag gar nicht geredet. Zu tief saßen Schock, Scham und Schmerz. Auch ich wagte es nicht, auch nur ein Wort über das irrationale Spiel zu verlieren. Nur Mark stieß mich ab und zu in die Seite und er sah, wie ich grinste.

Vor dem gemeinsamen Apartment trennten sich die Wege für die weitere Nacht.

Die einen gingen feiern, die anderen weinen. Trotzdem war es für mich der Moment dieser WM. Genau der Kontrast zwischen Freude und Trauer war es, der das soeben Erlebte unwirklich erscheinen ließ.

Die unbändige Vorfreude an jenem Tag ist schwer zu beschreiben. Es geschafft zu haben, ins Stadion zu gelangen und die vielen Umarmungen nur deshalb, dabei sein zu dürfen. Vielleicht lag es auch daran, dass sich beide Seiten ihres Sieges sicher waren. Die überheblich lächelnden Brasilianer mit ihren Neymar-Pappmasken oder die Deutschen mit den ausgebreiteten Armen, wie die Schwingen eines Vogels, im arroganten Glauben, die Herrscher der Welt zu sein. Der Schlachtruf: „Sieg! Sieg! Sieg!", kam mir dennoch befremdlich vor.

Bis heute habe ich meinen besten brasilianischen Freund Mauro nicht gefragt, wohin er sich nach dem 4 : 0 verkrochen hat. Hat er das Spiel zu Ende gesehen? Hat er hemmungslos geweint, wie dieser Junge mit der Brille auf der Videoleinwand? Kann er unsere Gesänge jemals im Leben vergessen?

Und wir haben gesungen: „Oh, wie ist das schön" und „Ohne Deutschland wär' hier gar nix los" und „Finale oho" und „Einer geht noch rein" und „Auswärtssieg!" und „So ein Tag, so wunderschön wie heute" und „Rio de Janeiro oh-oh-ohoho".

Doch als wir das Lied sangen, wie nun wer genau geht, war kein einziger Brasilianer mehr im Stadion. Ich habe mich gebückt und mit geballten Fäusten mitgemacht. Unwohl habe ich mich dabei dennoch gefühlt.

Schon Wochen vor dem Spiel war klar: Davi, Mauro und die anderen sind richtig gute Freunde und vor dem Anpfiff hat sich dieses Gefühl noch verstärkt. Während des 7 : 1 ging etwas kaputt und es tat auch mir weh. Das Wort Mitgefühl ist für das brasilianische Jahrhundert-Drama unzureichend. Die Geschichte des Landes, nicht nur die des Fußballs, war in 90 Minuten eine andere geworden. Das merkte ich nicht erst, als ich zögerte, bei dem besagten Lied mitzumachen. Doch warum tat ich es? Wer bin ich?

Beim Brettspiel daheim bin ich ein fürchterlicher Gewinner. Ich koste den Sieg aus und versuche vor allem Mitspieler, die unbedingt siegen wollten, danach zu ärgern. Es macht mir gerade deshalb Freude, weil ich weiß, wie schlecht ich selbst verlieren kann. Es ist ein Spiel und es endet erst dann, wenn man sich wieder besinnt, was wirklich im Leben wichtig ist. Im Stadion, auf den Fanmeilen und vor den Bildschirmen gab es viele gute Gewinner und Verlierer. Ich sah in Belo Horizonte einige schlechte. Charakterisieren diese also den brasilianischen Fußballfan? Nein! Sie beschreiben lediglich einige Idioten, die zugeschlagen haben. Ich glaube nicht an den Deutschen oder den Brasilianer. Ich glaube nicht einmal an Grenzen. Wenn ich könnte, würde ich sie ignorieren.

Mauern wird es immer irgendwo geben – sie werden nur durchlässiger – nicht zuletzt durch das Reisen, das Kennenlernen, die Späße, das gegenseitige Sich-auf-die-Schippe-Nehmen und durch den Fußball!

Wie sich das äußert, wurde schon in Recife deutlich: Deutschland gegen die USA. Man muss vorab sagen, dass der USA-Fan kein gewöhnlicher US-Amerikaner ist. Soccer ist dort eher eine Randerscheinung. Wer Fußball spielt, ist meist auch Rebell. Oft wird das Spiel in den Staaten als Mädchensport bezeichnet.

Wo wir bei der Frage sind, wofür stehen Mädchen? Was ist ein Mädchensport? Rennt eine Frau anders? Wirft sie anders? Anatomisch gesehen, hat das weibliche Geschlecht in der Regel weniger Kraft, obwohl ich da nur bedingt zustimmen kann, wenn ich meine Art, krank zu sein, mit der meiner Frau vergleiche, ganz zu schweigen von den Geburten unserer drei Kinder.

Meinen Töchtern werde ich zeigen, wie man schnell rennt, wie man effektiv wirft, wie man gewinnt und verliert. Und ich werde meinen Kindern beibringen, nicht zu fallen wie Arjen Robben. Aktionen, wie jene im Spiel gegen Mexiko, wo er in der letzten Minute wie ein Sack Mehl einfach umfiel, machen den Fußball kaputt und sind der Grund für das Unverständnis an diesem Sport in den USA.

Ich meinen Augen gibt es nichts Schlimmeres, als ein Spiel

so zu gewinnen. Und es gibt nichts Größeres als einen Sportler, der seinem Gegner fair gegenübertritt.

Das hat mir mein Vater früh beigebracht. Ich mag es, wie Robben Fußball zelebriert, aber seine Schwalben sind Momente, in denen ich mich für diesen Sport fremdschäme. Damit kann ich mich nicht identifizieren. Welche Botschaft wird Heranwachsenden vermittelt? Soll eine Welt voller Kinder mit aufgeblasenen Egos einfach umfallen und „Elfer" brüllen? Fußballer haben die Verantwortung, sich gerecht zu verhalten. Sein Ego ablegen zu können ist die allergrößte Kunst im Leben.

Die Deutschen spielten nach dem 5 : 0 unfassbar seriös und fair. Sie verarschten die verängstigten Gegner nicht noch mit Übersteigern. In der zweiten Halbzeit wurden sie dafür vom brasilianischen Publikum mit „Olé-Rufen" bedacht. Aber nur bis Schürrle eingewechselt wurde. Der hielt sich nicht an diese Taktik, sondern freute sich diebisch über seine Tore zum 6 : 0 und 7 : 0. Der Block stimmte: „Ihr seid nur ein Karnevalsverein" an. Unfair, oder einfach nur lustig, in Gedenken an Per Mertesackers Wutausbruch nach dem Achtelfinale?

Womit ich auf die US-Boys zurückkomme. Als viele Deutsche im Stadion in Recife brüllten: „You are gay. You are gay." in Parodie auf „U-S-A, U-S-A", begannen deren Supporter einfach zu rufen: „We are gay. We are gay." Selten hat mich eine Schar Fußballfans mehr beeindruckt. Der Soccer-Fan ist anders. Er ist besonders. Er ist weiter. Hätten wir das gesungen? Nein! Zu so einer schrägen Begeisterung und „Sich-selbst-nicht-so-ernst-nehmen-Antwort" wären wir wohl kaum in der Lage gewesen.

Wenn mir mein Sohn eines Tages sagen sollte, er sei schwul,

dann würde ich mich ärgern, keine Enkel von ihm zu bekommen, aber enttäuschen könnte mich das nicht. Ich würde die ersten Tage einige schlechte Witze machen, die jedem Homosexuellen unglaublich auf den Wecker gingen, und es dann aber gut sein lassen. Hauptsache, er bleibt mein Junge. Nein, anders: Hauptsache, er ist glücklich.

Das möchte ich wenigstens einmal festhalten – bevor ich es vergesse –, denn ich fühle mich in Rio de Janeiro gerade so lebendig wie noch nie und spüre: Jeder Tag sollte eigentlich ein „Wo-war-ich-damals-Tag" sein.

Vielleicht werden meine Kinder irgendwann einmal erzählen, dass ihr Papa am 8. Juli 2014 beim 7 : 1 in Belo Horizonte im Stadion live mit dabei gewesen war und versucht hat, ihnen den Sinn des Lebens anhand eines Fußballspiels zu erklären.

Trueman, 10.07.2014

Rio de Janeiro

Traumstadt Rio de Janeiro. Welch ein Ort! Welch eine Zeit! Die Bögen von Lapa mit ihrer Partystimmung in den Kneipen und Restaurants. Der Corcovado mit der Jesusstatue, die über allem thront. Der weiße Strand von Ipanema mit heißen Girls und glücklichen Deutschen. Das gigantische Maracanã-Stadion in der Ferne.

Wir fahren U-Bahn, Bus, Seilbahn, Taxi, Boot oder schweben zu Fuß über die geriffelten Mosaiksteine der Copacabana und bewundern den berühmten Zuckerhut.

Überall, an jedem Strand und auf jeder noch so winzigen Grünfläche spielen die Menschen Fußball.

Wir setzen uns ins „Gelbe" an die berühmte Promenade unter einen Schirm, trinken Dosenbier und beobachten die vorbeischlendernden Menschen: Weiße Kinder Hand in Hand mit schwarzen Freundinnen, blonde Frauen Arm in Arm mit kakaobraunen Männern, Menschen japanischen und afrikanischen Ursprungs joggen gemeinsam die Straße entlang, dicke und dürre weiß-schwarz-braun-gelbe Liebespärchen schlürfen gemeinsam an einer Kokosnuss oder küssen einander zärtlich.

Die Mischung der Ethnien ist ein wichtiger Bestandteil der brasilianischen Identität und sie ist in Rio de Janeiro überall zu spüren. Es gibt hier ein so ergreifendes, vorurteilsfreies Miteinander, eine Harmonie und Ausgewogenheit der Rassen, dass es einem augenblicklich ganz warm ums Herz wird.

Was die WM bisher für mich so einzigartig, so brasilianisch, gemacht hat, war zudem die ständige Nähe von Spiel und Strand. Fast immer haben wir halbnackt irgendwo herumgelegen, Bier geschlürft und Fußball geschaut. In dieser Stadt findet das alles seinen ultimativen Höhepunkt. Ich befinde mich im schönsten Ort der Erde und in zwei Tagen ist das Endspiel einer Fußball-WM. Kann das nicht immer so bleiben? Es ist ein Traum mit Zuckerhut, aus dem ich nie wieder erwachen möchte.

Nein, leider nicht ganz richtig! Wir bekommen einfach keine bezahlbaren Tickets für das Finale, oder genauer gesagt, gibt es nur ein einziges „normales" Angebot für eine einzelne Karte bei einem verrufenen Onlineportal für 1.890 Dollar.

Ich spiele mit Trueman nun nicht „Stein, Schere, Papier". Von mir aus könnte er sie haben, denn nur seinetwegen habe ich das epische Halbfinale miterlebt.

Allerdings hat mein Freund schon mehr als 2.000 € über seinem Budget in Brasilien ausgegeben und in Berlin sitzen drei hungrige Kinder und eine ausgemergelte Frau. Er will das Ticket nicht kaufen. Dennoch hätte nur er die Karte verdient. Ich würde mich schämen, nach seinem Einsatz für mich in Belo einfach zuzuschlagen, zumal der Preis auch für mich äußerst happig ist.

Wir einigen uns darauf, das Spiel auf dem Fanfest an der Copacabana zu schauen. Vor das Maracanã zu fahren und mit einem Pappschild nach Karten zu betteln wäre dumm. Die Preise werden dort sicherlich bei über 2.000 Dollar liegen und wer weiß, ob die Tickets dann nicht gefälscht sind. Bis zum Kartenscanner wird uns der Verkäufer mit Sicherheit nicht begleiten. Und wenn wir nichts bekämen, würden wir die Partie unter Umständen überhaupt nicht sehen.

Das Hauptproblem bei der Beschaffung von Finaltickets sind die Argentinier, von denen, wie man munkelt, gerade über 200.000 gerade in Rio eingewandert sind. An der Copacabana, aber auch in allen anderen Stadtteilen dominiert Hellblau-Weiß.

Hätten die Niederlande das Halbfinale gewonnen, wären nicht Zehntausende Gauchos über die Grenze geströmt. Gegen diese neuen Bodentruppen kommen wir Deutschen nicht an.

Grölende Gruppen ziehen durch die Straßen und machen sich mit dem simplen, auf Portugiesisch vorgetragenen Abzählen von Eins bis Sieben über die Gastgeber lustig. Etliche rufen einfach: „Sätschi – um", also 7 : 1.

Auch das Kneipenviertel Lapa ist von Argentiniern okkupiert. In den Straßen wird laut gesungen. Hymnenartig und in Dauerschleife hört man das beinahe liebliche Lied: „A Messi lo vas a ver, la copa nos va a traer, Maradona es mas grande que Pelé." Natürlich wird Messi ihnen den Pokal diesmal holen und selbstverständlich ist Maradona viel größer als Pelé - für jeden Argentinier.

Das hat für Trueman und mich auch Vorteile. Die Brasilianer sind schon seit Tagen auf unserer Seite. Nicht auszudenken, sie würden nach dem Debakel gegen unser Team nun auch ihren Erzfeind Argentinien im Finale siegen sehen.

Eins steht fest: Am Sonntag wird Deutschland im Maracanã von den „Neutralen" im Stadion und von rund 200 Millionen Einwohnern unterstützt.

Etliche Leute tragen seit unserer Ankunft in Rio zudem das rot-schwarz gestreifte Flamengo-Shirt, weil es dem deutschen Auswärts-Trikot ähnelt. Wir werden von den Caricoas, wie sich die Bewohner Rios selbst nennen, gedrückt, geherzt und gesegnet. Und zum Bier eingeladen!

Wir wohnen in einem mittelmäßigen Hotel, zum Luxuspreis von 200 € die Nacht, in der dritten Reihe in Copacabana, und beobachten Samstagnacht, dass die Argies immer asozialer werden. Mittlerweile singen viele betrunkene Kerle: „Ya todos saben que Brasil esta de luto, son todos negros, son todos putos", was in etwa bedeutet, dass die Brasilianer ein Volk von Schwarzen und Nutten sind. Die Avenida Atlântica ist von argentinischen Fans zugeparkt, die in ihren Autos schlafen und gerne auch mal brasilianische Autos anpinkeln.

Wir Deutschen, die hier am gelben Kiosk ein paar Bier schlürfen, bekommen keinen Stress. Allerdings wissen alle, dass wir bei einem Finalsieg unseres Teams gehörig aufpassen müssen. Die „Barra Bravas" (Ultras) der verfeindeten argentinischen Clubs verbrüdern sich gerade. Und das sind in der Regel keine Gruppen, die nach einer Niederlage eine freundschaftliche Samba aufs Parket legen wollen. Zu später Stunde gehe ich trotzdem mit einem guten Gefühl ins Bett.

Das Finale

Etwa vier Stunden vor Anpfiff gehe ich mit Trueman an die Copacabana aufs Fanfest, um bei ein paar Vorgeplänkel-Bieren herunterzukommen. Obwohl nach und nach auch ein paar Deutsche in Nationaltrikots eintrudeln, kommt zunächst keine unbändige Vorfreude auf. Es liegen einfach zu viele Gauchos, dicht an dicht, in hellblau-weiße Decken und Fahnen gehüllt, am Strand herum. Unsere kleine Gruppe macht sich, im Gegensatz zu ihnen, nur selten lautstark bemerkbar.

Auch heute gesellen sich etliche Typen im schwarz-roten Flamengo-Trikot zu uns und brüllen öfter einmal: „Penta-Campeao", fünf Mal Weltmeister, was weder wir noch die Argentinier bisher geschafft haben. Doch sofort übernehmen die Argies wieder die Stimmgewalt und singen erneut über Maradonas Vorteile versus Pelé.

Das Fanfest wird in Rio streng bewacht. Im Abstand von etwa 200 Metern hat die Militärpolizei Hochstände eingerichtet, also Plattformen aus Stahl und Holz, von wo aus sie das Geschehen, schwer bewaffnet, beobachten können. Einige von ihnen patrouillieren, mit Westen gepanzert, über den Strand und gehen mit bösem Blick öfter mal in das Hoheitsgebiet der tausenden himmelblauen Albiceleste-Fans.

Ich trinke mir Mut an, denn ich habe eine Vorahnung, dass uns nach dem 7 : 1-Wunder heute eher ein enges, hart umkämpftes und hochdramatisches Spiel bevorsteht, dessen Ausgang niemand vorhersagen kann. Wir halten uns weiter am äußersten Rand des Fanfestes auf. Unsere Gruppe ist mittlerweile auf 100 Leute angewachsen. Um 17.00 Uhr atme ich auf. Das Spiel beginnt.

Ich muss an das WM-Finale 2010 zurückdenken:

Am Tag nach unserer Niederlage im Halbfinale gegen Spanien buchte ich mir einen Flug nach Madrid. Ich wollte dem Hochgefühl hinterher fliegen, konnte nicht akzeptieren, dass die WM nach dem Halbfinale schon vorüber ist. In meinem Herzen gab es ein unordentliches Gefühl und eine innere Stimme sagte mir, dass ich dort etwas finden werde.

Fünf gigantische Leinwände waren zwischen der Plaza de Cibelles und der Plaza Colon aufgebaut. Die komplette Stadt schien auf den Beinen zu sein und ersehnte seit Stunden den Anpfiff des ersten WM-Finales mit spanischer Beteiligung herbei. Ich sah die Vorfreude in ihren Augen, hörte ihr Herzklopfen, konnte ihr wohliges Gefühl im Magen nachempfinden und vernahm ihr Aufatmen.

Das WM-Finale 2010 begann in der 116. Minute:

Van der Vaart passte unglücklich auf Fàbregas, der den Ball weiter zu Iniesta spielte. Iniesta nahm Maß und traf platziert zum 1:0. Für den Bruchteil einer Sekunde verharrten die Leute in ungläubigem Staunen, doch dann brüllten sie es heraus.

Wie eine zerstörerische Lawine brach das hunderttausendstimmige „Gooool" über die Stadt herein. Es war ein nie enden wollender Schrei, so als ob ganz Spanien jahrzehntelang dafür Luft geholt hatte. Die Straßen begannen zu beben und die Häuserzeilen zu wanken. Die Lautstärke nahm weiter orkanartig zu.

Die Menschen dehnten ihren Jubel auf eine unglaubliche Länge aus. Plötzlich ahnte ich, was sie vorhatten. Das immer länger werdende Gebrüll sollte ihre Mannschaft zum ersehnten Schlusspfiff tragen. Es gelang. Schon Sekunden später wusste ich, dass ich dieses markdurchdringende Kreischen nie wieder im Leben hören werde. Spanien wird nur einmal zum ersten Mal Fußball-Weltmeister.

Ich wache wieder auf. Heute, am 13. Juli 2014, ist es anders. Deutschland ist schon dreimal und Argentinien zweimal Fußballweltmeister geworden und der Schrei, der die Copacabana zum Einstürzen bringen könnte, kann heute nur von den Gauchos kommen, da sie mit 80.000 Leuten vor der Leinwand mit bemalten Gesichtern, Trommeln, Fahnen, Bannern und sehr viel Alkohol im Blut ihr Team ununterbrochen nach vorne peitschen, sodass der Strand schon jetzt vibriert.

Wir Deutschen sind immerhin zu einer hörbaren Gruppe von vielleicht 300 Leuten angewachsen, halten uns aber weiterhin, zusammen mit etwa 500 Brasilianern, die unsere Mannschaft supporten, am Rand des Geschehens auf.

Die spannende Partie wiegt hin und her und verursacht sowohl bei uns als auch bei unseren Fan-Gegnern Magenkrämpfe, Herzrasen und Bluthochdruck.

Das WM-Finale 2014 beginnt in der 113. Minute:

Kroos passt hinüber zu Schürrle, der im Sprint auf der linken Seite bis weit in die argentinische Spielhälfte vorstößt. Bedrängt von zwei Verteidigern, schlägt er eine Flanke, die auf Höhe des Fünf-Meter-Raums landet. Der heranstürmende Götze kann den Ball mit der Brust nicht nur stoppen, sondern fast im Rutschen mit links in Richtung Tor befördern.

Während der argentinische Keeper eher mit einem Schuss ins kurze Eck spekuliert, landet der Ball hinter ihm im ... (für den Bruchteil einer Sekunde verharren wir in ungläubigem Staunen, doch dann schreien wir es gemeinsam hinaus) ... Tooor!

Es ist der (!) deutsche Treffer des 21. Jahrhunderts, die Erlösung nach 24 Jahren des Wartens. Der fußballerische Erinnerungsmoment bis zum Tod. Danke Mario!

Zusammen mit Trueman und zwanzig Deutschen kippe ich nach vorn in den warmen, von etlichen Bierlachen bedeckten Sand. Wir umarmen einander in einem wirren Knäul. Für Außenstehende (tausende Argentinier) muss es aussehen, als ob wir uns kloppen. Bis zum Abpfiff wollen wir, am Boden liegend, feiern und jubeln.

Es gelingt nicht, denn der Schiri will einfach nicht abpfeifen, und als Messi in der Nachspielzeit zum Freistoß antritt, sterben wir tausend Tode. Doch er verzieht und dann heißt es tatsächlich: 1 : 0 nach Verlängerung.

Um 19.04 Uhr stemmt Phillip Lahm im goldenen Konfettiregen als vierter deutscher Kapitän nach Fritz Walter, Franz Beckenbauer und Lothar Matthäus den WM-Pokal in die Höhe. Deutschland ist Fußball-Weltmeister 2014!

Nachwort

Richtig, jetzt kommt mit Sicherheit spiritueller Mist nach dem Motto: Spinnen, Krebse, Priester und rote Ibisse haben mir den WM-Titel 2014 bereits vor langer Zeit prophezeit. Nein, natürlich nicht!

Auch kein sentimentaler Abgesang folgt, dass mein Coming-of-Age nun vollzogen ist, weil ich, dem die Nationalmannschaft 1990 noch völlig am Arsch vorbeiging, mich 2014 selbst ein wenig wie ein Weltmeister fühle.

Das einzige Gefühl, welches ich im Moment des WM-Triumpfes empfinde, ist Erleichterung. Ich ahne, dass ich wahrscheinlich nie mehr im Leben eine Fußball-WM in Brasilien live erleben werde und vielleicht auch keinen weiteren Titel einer deutschen Nationalmannschaft. 2014 war ich dabei und werde ewig davon zehren.

Nach der Pokalübergabe im Maracanã müssen wir zusehen, schnellstmöglich wegzukommen und erst einmal unter einen der Wachtürme mit den brasilianischen Scharfschützen flüchten. Die tränenreiche Enttäuschung der argentinischen Fans wird alsbald in Wut umschlagen, wenn sie uns weiter so feiern sehen.

Endlich auf der Straße, steigen wir in ein Taxi mit dem Fahrziel „Sheraton Hotel" in Barra, weil dort die deutsche Mannschaft untergebracht ist. Vielleicht können wir uns in einer Erni-Polonaise irgendwie hineinmogeln.

Der Taxifahrer beglückwünscht Trueman und mich herzlich zum Titel und danach klopfen hunderte Brasilianer anerkennend an die Fensterscheiben und aufs Dach, da wir die Deutschland-Fahne im Wind flattern lassen. Wir werden vom Gastgeberland, trotz der Schmach von Belo Horizonte, gefeiert, nicht zuletzt, weil aus brasilianischer Sicht die Guten, die Richtigen gewonnen haben.

Ich denke an Sylvie und an meine Freunde Danny, Jenna und Erni in Berlin. Erstere liebe ich über alles auf dieser Welt und mit letzteren werde ich für immer emotional verbunden sein, da sie ein sehr wichtiger Teil dieser Geschichte sind.

Schon vor unserer Ankunft am Spielerhotel weiß ich, dass ich dieses erhabene Gefühl nie wieder im Leben empfinden werde. Deutschland wird eben nur einmal zum ersten Mal Fußball-Weltmeister in Brasilien.

ENDE

Der Autor

Mark Scheppert wurde 1971 geboren und lebt seither in Berlin-Friedrichshain.

Er war Gärtner, Möbelträger, Student, Sachbearbeiter, Küchenhilfe, Erntehelfer,vv Forsthelfer, Fahrrad-Codierer, Vertreter, Postmitarbeiter, Anzeigenverkäufer und Marketingmanager. Doch all das fand er kein bisschen spannend.

Deshalb begann er irgendwann, nebenher ein paar Zeilen zu schreiben und wurde 2009 Mitglied der Lesebühne „Die Unerhörten".

Mit seinem Buch „Mauergewinner", welches monatelang die BoD-Bestsellerliste anführte, gelang ihm sofort ein beachtlicher Erfolg. Auch sein Fußballroman „90 Minuten Südamerika" erhielt gute Kritiken. In „Einheit Unnormal" hielt er 11 Geschichten seines Freundes El Rubio über den 1. FC Union Berlin und seine verrückten Fans in Buchform fest.
www.markscheppert.de

Erhältliche Titel: „Mauergewinner"; „Alles ganz simpel"; „Koalaland"; „Leninplatz"; „90 Minuten Südamerika" und „Einheit Unnormal".

Mark Scheppert
90 Minuten Südamerika

160 Seiten
BoD GmbH
ISBN 978-3-8423-5336-7
www.markscheppert.de

Mark Scheppert nimmt uns mit auf eine einzigartige Reise durch Lateinamerika und lässt uns an einer ganz besonderen Suche teilhaben. Auf seinen abenteuerlichen Trips durch Argentinien, Brasilien, Bolivien, Chile, Guatemala, Kolumbien, Mexiko, Paraguay, Peru und Venezuela verändert sich in zwanzig Jahren nicht nur die Welt um ihn herum, sondern auch sein Heimatland. Parallel dazu entwickelt sich eine Beziehung zum Fußball, die 1990 ablehnend beginnt, in jugendliche Schwärmerei umschlägt und in euphorischer Begeisterung mündet.

Die facettenreichen, mal lustigen, mal berührenden Anekdoten lassen Erinnerungen an große Lieben, Freundschaften, Enttäuschungen und Sehnsüchte lebendig werden. Mit einer Sprache, die nicht nach Reiseführer und Merian-Heft schmeckt, versucht Scheppert, den Leser mit dem Südamerika-Virus zu infizieren und ihn auf die Fußball-WM 2014 in Brasilien einzustimmen.

»„90 Minuten Südamerika" ist eine Art nonfiktiver Coming-of-Age-Roman, in dem der Fußball sukzessive stärker in den Fokus rückt. Schepperts Berichte sind keine abgehangenen Weisheiten, sondern großartig geschriebene Momentaufnahmen einer riesigen Weltkarte.«

11 Freunde - Magazin für Fußballkultur

»Blond, deutsch und Fußball-Fan: So zieht man in Paraguay schnell die Blicke auf sich. Besonders dann, wenn man beim 1:0 für die Heimat vor Glück einen ganzen Häuserblock zusammenbrüllt – und dem Gastgeber später bei einer WM im Armdrücken doch noch zum Sieg verhilft.«

Spiegel Online

Mark Scheppert
Mauergewinner oder
ein Wessi des Ostens
30 vergnügliche Geschichten
aus dem Alltag der DDR

228 Seiten
Edition BoD
ISBN 978-3-8391-9250-4
www.markscheppert.de

Als Mark Scheppert diese Geschichten zu schreiben begann, hatte er sich vorgenommen, stellvertretend für seine Generation etwas Neues und Einzigartiges über die DDR zu schreiben. Denn seltsam: In keinem der angeblich so „typischen" literarischen Denkmälern für dieses verschwundene Land fand er sich wieder. Er gehörte auch nicht zu der Generation von „Zonenkindern" und wohnte in keiner „Sonnenallee" und in keinem „Turm". Seine Jugend, seine Auseinandersetzung mit diesem seltsamen Ort namens DDR, seine Erfahrungen und seine Kämpfe, kamen nirgendwo vor. Und erst recht nicht das Gefühl, das er mit dieser Zeit verband. Komisch. War er so ein Sonderfall?

»Faulig-feuchte Klamotten, eiskalte Füße und unzählige Sorten Alkohol: Mark Schepperts Erinnerungen an seine DDR-Kindheit in der Kleingarten-Parzelle sind düster. Komisch nur, dass die Fotos im Familienalbum eine ganz andere Geschichte erzählen.«

Spiegel Online

»Es ist wirklich eine Bereicherung, den „Mauergewinner" zu verschlingen und es macht großen Spaß, auch mal einen vergnügten Blick auf diese DDR zu werfen.«

kadekMedien

Mark Scheppert, El Rubio
Einheit Unnormal

128 Seiten
BoD GmbH
ISBN 978-3-7519-6701-3
www.markscheppert.de

Am 30. April 1986 geht der junge El Rubio erstmals an die Alte Försterei zu einem Spiel des 1. FC Union Berlin. Er ist kein Fan des Teams, aber die Stimmung ist grandios und die Jungs, die er im Stadion trifft, sind okay, wenngleich total asozial.

Das Halbfinale des FDGB-Pokals gegen Dynamo Dresden geht mit 1 : 2 verloren, doch auf dem Weg zum Bahnhof Köpenick trifft er ein Mädchen.

Erstes Unionspiel, erste Unionerin, Gefühle...

„11 kleine Union-Geschichten rund um Heim- und Auswärtsspiele einer sagenhaft trinkfesten Truppe namens EINHEIT UNNORMAL von Mitte der 80er bis heute, nicht chronologisch geordnet, dafür unglaublich lustig erzählt. Sehr zu empfehlen."

Christian Arbeit, Stadion- und Pressesprecher 1. FC Union Berlin

„Dieses Buch macht so viel Spaß, wie ein Heimsieg an der Alten Försterei!"

Mikis Wesensbitter, Buchautor